法藏知津

七 編

杜潔祥 主編

第26冊

台灣民間信仰、神壇與佛教發展之省思（上）

賴建成 著

花木蘭文化事業有限公司

國家圖書館出版品預行編目資料

台灣民間信仰、神壇與佛教發展之省思（上）／賴建成 著 --
初版 -- 新北市：花木蘭文化事業有限公司，2021〔民110〕
序 16+ 目 2+140 面；19×26 公分
（法藏知津七編 第 26 冊）
ISBN 978-986-518-459-9（精裝）
1. 佛教史 2. 民間信仰 3. 臺灣
733.08　　　　　　　　　　　　　　　110000677

ISBN-978-986-518-459-9

9 789865 184599

法藏知津七編
第二六冊
　　　　　　　　　　　ISBN：978-986-518-459-9

台灣民間信仰、神壇與佛教發展之省思(上)

作　　者　賴建成
主　　編　杜潔祥
副總編輯　楊嘉樂
編　　輯　許郁翎、張雅淋　美術編輯　陳逸婷
出　　版　花木蘭文化事業有限公司
發 行 人　高小娟
聯絡地址　235 新北市中和區中安街七二號十三樓
　　　　　電話：02-2923-1455／傳真：02-2923-1452
網　　址　http://www.huamulan.tw 信箱 service@huamulans.com
印　　刷　普羅文化出版廣告事業
初　　版　2021 年 3 月
定　　價　七編 29 冊（精裝）新台幣 86,000 元

台灣民間信仰、神壇與佛教發展之省思（上）

賴建成　著

作者簡介

賴建成，民國 43 年生於蘇澳西帽山，早年學儒修道。大學於草山就讀，練功之餘勤學理學，並博覽群書。民國 72 年 9 月入文化史研所攻讀唐宋史，旋即跟隨明復法師參學佛教史與禪學，且兼修密法。民國 80 年 8 月，到景文專科學校擔任講師，民國 96 年 2 月升等為正教授。發表論文，除了數篇史學論著之外，有三十多篇佛教論文，亦有不少篇有關禪藝術與禪詩的文章，還有翻譯作品多篇。專書除了《藝術與生活美學》、《生活美學與文化創意》之外，另有《吳越佛教之發展》、《晚唐暨五代禪宗的發展——以與會昌法難有關的僧侶和禪門五宗為重心》、《台灣宗教信仰的特質與發展的趨勢——以佛教與民間信仰為主要論述》。

提　要

　　本文以台灣光復以來，佛教在台灣的發展所面臨到的內外部問題為主要論述。從社會問題談起，最後回歸到佛教的本質與教化關懷，宗教團體在時代發展中所面臨到的一些問題與因應之道。全文共分七章，第一章「緒論」，內容包括「研究的動機與方向」、「佛教的發展與本質」、「僧官制度下的佛教」、「兩岸的宗教與命運」、「佛教在人間」。第二章「當前社會現象與佛教教育」，內容包含「眾生的執迷滯障及其應治」、「對政府宗教政策的省思」、「現代化的佛教教育」、「他山之石」等，「結論」則論及宗教在出世與入世之層面，宗教本身自律的重要性，還有社會問題、媒體專業性，宗教與政治的關係。

　　第三章「民間信仰與神壇現象」，除提要、「緒論」與結論之外，文章分「宗教與神壇」、「台灣寺廟文化」、「巫覡與神壇」、「儒釋道對巫覡乩壇的觀感」、「從神壇之路到信徒之路」等五個單元來加以論述，包括一些代表性的神壇、宮觀、道場的考察，最後談到政府輔導、管理與教育的重要性。

　　第四章「漢藏佛教之發展與異同」，除提要之外，分「佛法的精神與特質」、「融通上的問題——門風與教學法」、「顯密的異同」等三個部份。「結論」部分，則敘述佛法在東亞興盛之因，佛子的心行與責任，以及當佛子應具備的條件與對修學與道場的認知、顯密融通現象，還有當代佛法發展的一些面向。第五章「顯密佛教徒的必備條件」，除提要與「結論」之外，分共分為「依根器受學」、「治病患與業障」、「一乘與果乘」、「修心與氣術」、「一世的修行」、「僧伽壇信人才教育」、「宗教發展」等主題來談論。

　　第六章「明復法師的行實與教化關懷」，除了「緒論」與「結論」之外，以「創新的精神」、「禪話意境」、「佛學文叢」、「禪畫理論」等單元來論述禪僧的宗本與精神。第七章「結論」，則是概述台灣的一些佛道行門的現況，還有當前佛教在發展上所面臨到的內外部問題，以及推求其出路之省思。

序

賴賢宗
（國立台北大學中國語文學系副教授兼代系主任）

　　我認識建成兄甚早。那是在 1991 年，因為佛學研究的緣故，我們結識於明復法師之處。當時我還在讀台灣大學哲學系的碩士班的最後一年，並任職於般若文教基金會的國際佛學研究中心，負責《國際佛學研究年刊》與《國際佛學譯粹》的編輯的執行工作，兩刊的主編則是多才多藝的龔鵬程先生。明復老法師是國內的中國佛教史與佛教藝術的前輩，我因為兩刊的編務，認識了明復老法師和他週邊的一些年青朋友，包含了當前在佛學界知名的黃運喜、潘金龍（潘襎）、杜潔祥、賴建成等人，我也介紹了一些我的朋友如林安梧、林朝成、杜保瑞等人給他們認識。明復老法師和他的這些年青朋友也曾經主編過的同名的《國際佛學譯粹》，尤其是運喜兄、建成兄對佛學研究的編務涉入最深，這和我們國際佛學研究中心所從事的工作屬於同一性質，所以大家談的很來，一見如故，可以說是以心印心。很快地，大家都環繞在明復老法師身邊，成為關心佛教文化發展和佛學教育的法友。我讀碩博士班，而黃運喜、賴建成等人稍長於我，他們也還在深造之中，我們涉世不深，具有純真理想。明復老法師是禪修的尊宿和禪藝的大家，我們當時的相處，相與於無相與，悠遊於知識、修行與藝術的領域十分暢快。後來，我到德國慕尼黑大學留學（1994～1998），與他們有幾年的疏遠，等到我拿到博士學位再回國時，發現他們已先我一步在佛學界嶄露頭角，後來在學界成為論學的諍友。

　　建成兄是佛教史的專家，他是台灣佛教史界的先驅；其《吳越佛教之發展》一書，得到教育部獎助出版，是書被譽為當代研究吳越佛教與諸王「內容最豐富者」，而黃繹勳的「吳越諸王與佛教」一文，係受其啟發撰寫的。對

於唐代禪宗宗派史與唐宋天台佛教與禪的交涉的歷史，他也都有相當值得注意的研究成果。而其對自然內功、神壇信仰、附佛外道的研究，以及佛教教育的考察，頗有獨到處；我多回拜訪他，對於上述的議題，兩人交換過諸多意見，觀其發表過的一些作品，「論事既闊遠又精詳」，曾為諸師所讚許，吾人甚樂見其在宗教現象研究上有所成就。

今天，他將出版的《台灣民間信仰、神壇與佛教發展之省思》一書，則是建成兄多年來關於佛教史、佛教教育、宗教文化的省思，從當中可以見出他對相關論題的熱誠和用心的真切，這份熱誠和真切在佛學學者之中，是多了一份對於現實的關懷和批評，相當不易，這讓我格外想念起那一段年青的純真歲月。又，他的〈漢藏佛教之異同與融通——兼論密宗行人的必備條件〉、〈漢藏佛教之異同與發展〉等篇除了佛教修行理論的知識研究之外，也披露了他對佛教行法的修行體驗，有解有行，具有當代佛法創新發展的潛力。這讓我想到：史學研究應如司馬遷所說的必須應當能夠做到「究天人之際，通古今之變」，觀乎建成兄一向的用心以及他現在的新書，可以說，他是佛陀的忠臣，也同時是司馬遷的追隨者了。值得大家來省思。是為序。（寫於2006 年 10 月 4 日）

自序——台灣佛教、信仰的問題

　　當前台灣的民間信仰，有極為繁複的內容，因有其存在的功能性，使其在科技發達、物質豐厚、變遷快速的社會中活續出一些香火與新舉動來，甚至得到一些人士的崇信。當中，不乏佛、道思想與修持的成份，還有生命禮俗、巫術通靈等超自然現象，也有心靈昇華兼具濟世度人層面的制度性教團與新興宗教，很值得我們去關注。如會靈山，是當今社會常見的民間活動，鄭志明教授在〈台灣靈乩的宗教型態〉一文中說：「會靈山不是純粹的進香，是一種帶領信徒開發自我靈源的宗教活動，在會靈與調靈的過程中，協助信眾解決有形、無形的各種生存困境。」對於民間信仰，有些正信的佛教徒持著不以為然的態度，說它有礙於台灣現代化的腳步，或說：「人格如現代化？！」。李世偉、王見川在〈台北艋舺龍山寺民間佛教性格之歷史變化〉一文中說：「過去那種幽雅的氣息一掃而去，取而代之的是濃厚的市井商業氣息，加之流民充斥其間，廟方難以管理，自然更不利於佛教的發展。」而性瀅法師在〈從佛法的修學談教境界〉文中說：「任何宗教要存之於社會，必須要有社會的適應性，假如一個宗教無法適應當代的社會，再好的宗教也要退隱，佛教亦不例外。」猶太教在中國，台灣的一些民間信仰，就是實例，被社會文化所消融，變成歷史與一種常識。

　　就西方人或理性的角度來看，台灣的宗教信仰活動，如拜拜、禮敬佛菩薩神明等，不失為一種心靈慰藉、諮商，還存在著人我、人神的對話，不能一概以迷信視之，說它沒有功能性、人格不能轉化、層次不能提昇，或如中共學者所說的此類行徑危險，都是一種偏見，因為人性包羅萬象。民主化、自由化的現代，吾人關心人類心靈活動者，當以更審密的態度去看待它們、觀

察它們。還有，民間的神壇靈乩，有不少精英受到佛道修持觀的影響，逐漸走上強調個人的修為與濟世的情懷，不單是通靈、扶鸞、說乩文辦事的現象而已。鄭志明教授說：「有的靈乩意識到，靠靈感神話來修行，是不足的，重視自性救劫的修行法門。」「無極天的各種旨令，是要眾生自明本性，達到原靈自修自證的境界，才能修真返本會果元。」當今社會上的民間信仰，也強調「以仙佛來啟發自我明心見性，以法門來開啟眾生自性。」這樣佛道儒都重視《易經》、《六祖壇經》與《佛說般若波羅密多心經》了，只是慧解與修持方法不同而已。談到修行，諸宗教都有論及道學與道法、神與通、理與行之事，而佛法的修行方法很多，但總脫離不了隨師友、依根器受學。黃智海在《佛說阿彌陀經白話解釋》「序」中說：「還有很多方法，做起來若是不十分明白裡頭的道理，往往就要著魔。」佛教講聞思修與信願行，佛之本懷，尤為所重。

關於民俗宗教問題，牧田諦亮在《中國民俗佛教成立之過程》「民俗佛教的意義」文中說：「一般人所認為的支持中國佛教發展的教義，雖然其本身自有立場，但這究竟能否作為庶民佛教信仰的基礎，則仍有疑問。關於這一點，有人認為明、清儒釋道三教融合的宗教，才是中國民間所接受的佛教面貌。如果說民眾道教一詞，可以成立，則民俗佛教一詞，也可以成立。民俗信仰，乃是鄉野之間長年傳承，沒有一定範圍的自由的信仰。這種信仰，在觀察中國接受佛教時，是必須考慮的。現今，由僧侶所傳承的教義之發展，以及庶民佛教信仰的發展之間，實在很難看出關連性。」這也就是說明了一個事實，台灣傳統的佛教寺院，與民間佛教信仰間，有關連性也有差異處，有的還帶有三教融合的影子，甚至是婆羅門教的神祇崇拜的餘習，被納入民間宗教信仰之中，久之習以為常，千手千眼觀音就是其一，準提咒也是。因此，佛教中人自說，有所謂的教內外的外道，還有附佛的外道，以區別那正純的佛教信仰。至於正信、邪信問題，說穿了佛教無所謂正邪問題，要引導學人入佛門，才說正知、正見，那是一種教學法，是一種趨進佛道之路。

關於民間宗教與佛教之間的關連性問題，馬約翰博士在〈從文化人類學看民間宗教與佛教〉文中說：「至於民間宗教的興盛，是不是會阻礙台灣社會的現代化這個問題，需要分別為說。就個人來說，扶鸞等民間宗教也許會阻礙其思想、人格的現代化；但是，一個人的思想、人格是傳統的，非現代化的，並不一定會阻礙整個社會的現代化。」「如果社會對民間信仰能寄以適當

的同情，甚至善用這些美好的思想，不但對經濟發展沒有阻礙，反而有助於台灣社會的現代化。」有人建議佛教徒，「認真地、心懷慈悲地正視民間信仰所可能隱含的社會問題。」馬約翰博士認為，「廣開其他可以讓人們出人頭地的道路，這樣受挫折的人們會大量減少，他們就不會轉入扶鸞等民間宗教上去。當然這牽涉到經濟、政治的革新，不是一時所能說清楚的。」他認為佛教要走上現代化，必須具備五個條件，一要是有一個自力成長的經濟結構，二是要有一個公眾參與的政治體系，三是要有一個流動的社會形態，四是要具有世俗的與科學的思想觀念，五是要有能夠適應不斷變遷的人格。而佛教的現代化問題，相當的廣泛，不是一朝一夕可以完成。這當然要佛教界信眾們共同來努力了。古訓說：「道法三千六百門，習者僅執一苗根。」佛、道之法廣大精微，包羅萬象，所有入世出世的一切諸法，皆在其範圍之內。在佛陀教育基金會編的《佛學入門》「36 佛門分宗的理由」文中說：「歷代佛門大德，其所修證傳持之法，既各有不同，則其所根據以化導後進者亦異，由是各立門庭，勢所不免，這皆是佛門分宗的理由。有人以為分宗是佛法的分裂，其實分宗乃是分工合作，譬如醫院裡，雖然分為內科眼耳等多科，然而惟有這樣，纔能完成整個醫院的體系和工作。」美其名說分工合作，但古來大德說產生諍訟，是行人有常情鄉愿與欲望薰習久遠之故，佛門不免如俗世有賢達與不肖者。

然時下人看佛教，還如同趙樸初在〈佛教與中國文化的關係〉一文中所說的：「要研究佛教與中國文化的關係，必須先弄清楚什麼是佛教。現代一講佛教，有的人會說，不就是燒香磕頭，求神拜佛嗎？把佛教看得過於簡單化。我看毛病就出在只看到較低層次的佛教表面現象的一個側面，對整個佛教缺乏全面的了解。現在社會上對佛教有這樣片面的看法，我想是與我們佛教徒本身的缺點有一定的關係。中國佛教由於長期衰落，就其本身來說，存在著不少缺點和侷限。我們佛教界要克服歷史遺留下來侷限和缺點，為今天建設兩個文明服務。」他說的是，「以人間佛教入世度生的精神，為社會主義四化建設服務。」結果，人間佛教的一些概念，落實到台灣的社會上，成了主流意識，忘卻了學佛的根本，但台灣宗教文化還是比大陸好很多，這是兩岸政府與宗教問題。對於人間佛教，宏印法師在〈太虛、印順的人間佛教思想〉一文中說：「原始佛教解釋兩足為六道中人道眾生頂天立地用兩腳走路，而人道當中最尊貴的就是佛陀。所以我們要有一個體會，人間的佛教是肯定人道的，

肯定人對生命的自我覺悟，這種自尊、自力、自覺。覺他，是人間佛教的根本精神。如果佛教只是那種寄託的佛教、依賴的佛教、祈求的佛教，學佛只學到寄託、依賴、祈求、迷失、找依靠，這都喪失了人間佛教的特色。」

而台灣佛教，在山頭主義之下，各自弘化，顯密爭訐與融通、出家僧人與居士佛教問題依然難以解結，台灣佛教的出世性格與派系紛爭問題，層出不窮，加上社會亂象，還有尼眾與政教問題，在在衝擊著佛教的生態與發展。佛教的入世、出世問題，還有行持等，隨著世代變化，各教團勢必要走入改弦易轍的腳步，但是否承繼得起傳統師門宗旨與門風化頭問題，還是一再地被喜好禪修與關心的學者所質問，由是跑山頭聞法禪修，皈依仁波切灌頂修密的活動，很是流行。近年來，佛教界不論顯密，都不斷地推動許多的事業，無論是教育、文化、慈善、環保，乃至於協助救災，以及生命關懷，都是適應時代的需求，回應社會人心的期待，這也是佛教利益人間的事實，是一種好的現象；但佛法的真正利益，在深境微妙處，這就要講求實在的修學了。佛法的宗教境界不在外求，如同宏印法師說的：「身為一個佛教徒，不是要你去崇拜誰、皈依誰、依賴誰，而是要你真正在佛法裡覺悟到明心見性，悟到佛法，這才是最可貴的。」看經學道，悟之一字，至關重要。

至於修何法以通佛道，尤智表在〈佛教的實驗方法〉文中說：「佛教的修心的方法，為數無量，任意選擇一法，都可明心見性。譬如算學問題，可用許多方法來解答，方法雖然不同，而所得答案是一樣的。如果明白這個道理，那末對於禪淨律密，自然不生優劣高下之想，一一都是佛教心理實驗方法。」「密宗也無所謂的神秘，不過這是一種把理論來具體化的一種修法。又如我國唐宋時代盛極一時的禪宗，是從『世尊拈花、迦葉微笑』這樣離開文字，心心相印傳下來的，也帶著密的意義，不過是一個是三業相應，一個是直指人心，方法有些不同罷了。淨土宗就是現在通行的念佛法門，從外表看來，好像帶著迷信的，可是細細考究，卻正合著色空空色，依他緣起的道理。」「念佛的心是因緣，佛的願力是增上緣。」「念佛到一心不亂的時候，就是將心念依次排列，當然也能發生吸引力，被佛吸往極樂世界。」「再說極樂世界不離一心，是阿彌陀佛與念佛眾生共同心力所造，和上文所言概念可變物質的理相合。」所以印光法師說，持咒還是要不離經教之所說。不論修習哪一種宗教或道法，讀經或苦修，都是偏費，能入才是要道。

佛法是殊勝的科學，一部份理論可用科學來詮釋，一部份則超過當前科

學的領域，這對東方人來說該算是常識了。常識乃一文化體系，美國文化人類學家 Clifford Geertz 在《地方知識——詮釋人類學論文集》一書中說其：「我想要賦予一切常識——做為一種隨可見的化形式——的幾個相當標準化的屬性，就是自然性、實際性、淺白性、不規則性與可親近性。」伊文思·溫慈博士在其所編著的《中陰得度》第三版「序」文說：「關於未悟之人的論證，對於多世的死生經驗缺乏意識上的記憶，所以妄斷此等教說有欠真實，在科學上難以成立。」（1995 年復活節）達賴喇嘛在索甲仁波切著《西藏死書》「序」文中說：「西藏生死書在西藏佛教和現代科學兩個傳統上，提供了一個交會點。」福井謙一在興永宗興著《無生死之道》「序——科學與心」文中說：「最近以來，科學的相剋成為人類社會的現實問題，已經開始顯示出極大的傾軋了。（中略）現在，於正視纏繞科技不放的無窮欲望與競爭的矛盾相互衝激，以致問題叢生的同時，如何導正人心走向正確的道路，是刻不容緩的。（中略）人心的活動，就是自然活動最極致的表現。雖然科學尚未達到解明這種機械原理的程度，但是如果科學充分進步的話，更能瞭解心的作用，這點是不會錯的。」白聖長老在〈中國禪宗概述〉文中說：「假如能夠用學禪的功夫，來配合科學的發展，以自性清淨心舉事，無求無著，悲智雙運，用超出世間俗情的精神，來做世間所應做的事，可能促使科學更加昌明。利用更適當，那麼對個人、社會、國家，乃至全世界人類的福祉，都必有其極大的助益的。」這些話語，明復法師一言以概之，都是「依他起性」，但要發揮禪的妙用。

佛教在台灣的發展，看似是人為造成的，但也是在大環境中靠人的常識去進取的，在人的選擇與強調中自然生成的。政府播遷來台之時，「當時的佛教陷入群龍無首的境況」，宏印法師在〈從太虛大師談民國佛教〉文中接著說：「四十年來的台灣，各方面皆有很明顯的進步，佛教是否也跟著這安定的四十年歲月而進步呢？」邢福泉在〈台灣佛教發展概況——中華民國時期〉文中說：「自 1945 年 10 月至目前（1980），可稱為台灣佛教之全盛時期；佛教徒及佛寺之數目日漸增加，許多新佛寺逐漸建立，破舊之佛寺亦被整修或重建，但更重要的是：許多自中國大陸來的高僧，革新了台灣原有的佛教禮儀和傳法內容，並且還鼓勵佛教徒積極參加社會福利事業活動。甚多原受奉祀地方神靈及日本影響之佛寺，轉變為純粹與中國傳統之佛寺，最顯著之例子為日本新淨土宗信徒之滅跡與大陸高僧對台灣佛寺之各種新影響。此一時

期另一重大之改變，為各宗派之僧侶結合一起從事佛學研究與佛教之闡揚，故各宗派之間並無嚴格之門戶之見。上述各種現象，使台灣成為二十世紀中國佛教復興之基地。故此一時期可視之為中國大陸傳統佛教之復興時期與台灣佛教之革新時期。」傳統的佛教在台灣，似乏高僧與完備的修持行門，被知識份子所詬病，辦佛事不修行看似是不務正業。教界不乏人也在反思中。宏印法師說：「台灣佛教不可否認的也進步很多，無論在教育（佛學院、大專夏令營）、文化出版、社會慈善工作上，皆呈現出一片蓬勃的氣象；道場的規模愈蓋愈大，徒眾甚多，佛學講座，聽眾也不少。這一切看起來好像很興盛，但在這一片叫好聲中，我們如能冷靜的思考觀察，會發現台灣佛教似乎缺少點什麼？我們能不能從古代高僧留下的風範中，來檢點今日的台灣佛教，應該如何才能團結？」當前的台灣教界，缺乏如古代的高僧師家，也罕有出色的門風，僧俗不分，僧俗不和現象，比比皆是。宏印法師認為，「如果我們關心佛教的興衰，希望佛教強盛，就必須從兩方面去著手。」一是教理的弘揚，二是教制的健全。現今的在家團體，學佛風氣很是興旺，處處可見居士林或弘法中心。雖說中國佛教的前途，要重視青年的佛教與居士的佛教。但宏印法師說：「如果太虛大師看到今日的在家居士們的表現，恐怕要失望多於希望了！」有的僧人或是學者的看法，則與其不同，著重在佛教的終極關懷上，如古禪德全植說的：「佛法隨四相遷流，真性不變。」楊惠南教授在〈野狐禪——佛教的濟世思想〉文中說：「只有證得空性的人，才真正了解野狐禪，也才真正了解佛陀改造社會、濟世救人的淨土思想。」而賢頓法師談到四聖諦時說：「佛不在世，有佛法流傳後世，指示世人，如何進修菩提大道，這也是等於佛親自指示一般，只要肯依佛教而行，沒有不成法器的。」學佛是要自肯的，墮己謗他，總是大事不妙，但總不能一再的鄉愿下去。

　　佛教在台灣，隨著政府宗教政策，作人心的淨化，是有利於社會文化建設，但宗教間總是成見頗深，如山頭門派問題、教徒與異教徒、佛教與民間信仰、顯教與密宗間。佛法有助於文化建設還存在著一些灰雲揮之不去，呂澂在〈漢藏佛學溝通的第一步〉文中說：「這必須要參合漢藏雙方的學說，認識它的全貌，才談得上正確；又必須有雙方學者的合作，才能做得徹底。我們說漢藏佛學溝通的有其需要，它的意義就在於此。溝通的第一步，應該是彼此的互相瞭解。」當前漢藏學者在這方面，已經大有斬獲了，國人學藏密可以透過很多的管道，台灣翻譯作品也多，漢藏領袖會談機會增加，不僅

促進了彼此的瞭解，也使作文化上更進一步的發展。還有人翻譯一系列日本學人、禪僧的著作，如《禪佛教入門》、《茶與禪》、《生活禪》、《禪天禪地》、《無生死之道》、《禪僧與癌共生》、《超越迷惘——法句經》等，還有南傳僧人的作品如《唯一的道》、《何來阿姜查》、《佛陀的女兒》等，各地區匯集來的宗教作品，讓學人不斷地對話，使之間的隔閡減少了，而台灣學者、作家、宗教家的宗教類作品也不斷地推陳出新。「有感現代人心靈空虛，對自己人生方向經常摸不清」，要「啟發自我的靈性，及如何去信仰一個好宗教，來改變自身的命運。」如李果榮居士，出一本本心靈妙法的書籍者，在台灣也是多見，君不見林清玄、清海、慧律、星雲、惟覺、心道、鄭石岩、胡茵夢的作品乎？心是活技兒，意是巧匠工，台灣人的宗教心意識是活靈活現的，點滴成金，都成智慧妙珠，有益人心否？學人真的要自會取了，因都是見仁見智的一些文字知見。陳振崑在〈唐君毅的宗教融合思想〉「宗教融合思想所面對的挑戰」文中說：「不同宗教之間，不僅有所期待於宗教精神的會通與融合，在彼此的基本義理之間也應該進行一番深入的析解探究，過於寬容而浮濫的宗教混合主義並不足取。」而獨斷與自我封閉的心態，又會讓自己或教派不知不覺中遠離了絕對的真理，因此能否保持活潑、開放性，而又能持續地趨進於理想中的絕對真理，對諸宗教信仰門徒與教派來說，都是極為重要的時代課題。

　　台灣的人間佛教性格強烈，很符合國際社會在資本主義高漲下所強調的全球化與在地化，更適宜國家的務實外交策略。教團的活動與社會接軌加劇，乃至於與各學術領域產生了不斷的對話，佛教界越來越喜好舉辦各項文藝與創新活動，或成立宗教博物館，以接引大眾。而佛教的教團與僧伽教育、佛教倫理與俗世倫理、佛教本質與俗世宗教、佛教傳統與現代化腳步諸問題，都顯得格外重要了，教界更加重視人才的養成，佛學院、佛教各類大學紛分成立，問題還是僧團的和諧與資源的統籌問題要面對。當前社會常見人提說以愛來關懷、以愛來療傷，共業與心靈改革變得重要了；世人強調地球村，說地球是平的，您可能一覺醒來，頓覺週遭都產生變化了，心靈與物質間、宗教信仰與社會人心、禪思維與企業管理，很緊密地被有心人士結合在一塊，拿來思索與運作人生問題。形而上的道，與形而下的器，體相用一如，一真法界，全體大用，佛性人人可以顯發，佛道的顯化，就在當下心即可得會。媒體網路大開，佛法已非如前人所云的難聞，善知識也非難見了，

而是觸目皆是，有志於道者，個個皆能成人，苟能似明復法師所說的「禪無餘」行持則更是大妙。對於宗教亂象，是社會問題還是教界問題，或有說「是否是政府的規範不夠周延」論點，在在都顯現出社會很自由、開放，對要從封閉性社會要進入開放性社會的制度性宗教來說，「宗教行政人才」蠻是重要。

對於大小乘誰較殊勝的問題，僧人與居士佛教，男眾與女眾佛弟子在佛門的差別待遇問題，還存在當前台灣社會之中，也引起很多社會學家認為不必要且浪費心力的諍論。約瑟夫・葛斯坦（Joseph Goldstein）在〈蒂帕嬤不凡的一生與教法〉「她告訴我什麼是可能的」文中說：「她是上座部傳統中第一位真正有大成就的女性修行者，並且還能夠在美國弘揚佛法。雖然她全心投入上座部傳統，但同時也深刻了解到女性修行者，包括家庭主婦等的禪修成就，在各方面都是平等的，甚至比起絕大部分屬於男性宗教威權世界的人，她們的精神修行更加深刻。蒂帕嬤就是以這樣的方式，在這裡成為女性以及男性共同的典範，她在共修社團中對許多修行者的影響至今仍餘波蕩漾，連綿不絕。」他山之石，真的可以攻錯嗎？台灣的信徒，迷密勒日巴，迷大師在喜瑪拉雅山，迷達賴喇嘛，讓本土法師、尼師們不得不奮力強調祖師們的德行與自己的風範。

佛教是深明人道主義與因果關係的宗教，虛雲老和尚說：「學佛要深信因果，嚴持戒律，堅固信心，決定行門。」其於〈在重慶慈雲寺開示〉文中說：「學佛不論修何種法門，總以持戒為本。如不持戒，縱有多智，皆是魔事。」演培法師在《六祖壇經講記》「序」中說：「現代有些學佛者，看了一點祖師語錄，或者翻過禪宗典籍，就以禪者自居，動輒為人談禪，並將祖師悟道的偈語，拿來照自己意見解說，並認為自己解說的是對的，別人都誤會祖師的偈意，好像自己與祖師已到一樣悟境，但是不是吻合祖師本意，或已超過祖師的見地，唯有論者自己知道，我是不敢妄下論斷的，自己工夫未到這程度，或是揣摩公案，或是空談禪理，不得說是禪理。」其實這類型的著作，坊間多見，如《禪是一枝花》、《禪的火花》、《禪定心靜》之類，連教育部也曾經推廣過一些禪知見活動。禪門說：「那是別人閑傢俱！」或說：「拾人牙慧，不是家珍！」但這些也是凡夫學佛、學禪的一些前行，高明者斷其邪見，導正其知見即可，那是別人的自家事何足掛懷。印順法師在〈一般道德與佛化道德〉文中說：「表面看來，大小乘的德行相反，其實不過由於發心不同，目

標不同，戒德的運用，小小差別。」淨空法師在《菩賢大士行願的啟示》「前言」文中說：「什麼是菩賢行願？如來圓滿的果德，一定要修大行，福德才能圓滿。每一種行門與自性皆相應，而且一一行門周徧法界。」走修行的路去求證，很多人亂了套，南懷瑾在《如何修證佛法》書開宗明義地說：「這一切都是因為我們先學了佛經上那些知識，把前人修持的成果，拿來倒果為因，倒因為果。」總之，行人如對境起心，看小看大，各持一端的意識語，看似公道話，但也違反了佛教中道的真實義以及學人修道在機在根器、依師友、善知識的道理。

對於台灣佛教發展情形與展望，淨心法師的一些話題，很值得教學界來思索其意義。其在〈論現在台灣佛教後繼者之養成〉文中說：「台灣的佛學院和研究所，是提昇僧尼學識的教育機構，傳戒會才是真正佛教後繼者養成之處。這種情形與其說它是台灣佛教的特色，不如說它是依循佛教戒律規定之下的產物。」但在台灣出家眾，女眾比男眾多，老年比青年人受戒者多。對於這兩個問題，他說：「關於為何台灣女性出家者眾多之事，因未曾深入研究，其正確的原因尚無法了解。但是，台灣尼眾數目之多，力量之堅強，對台灣地區佛教之活動，有著龐大的貢獻，這是不可否認的事實」。尼眾出家者多，這是社會問題，也是個人心態問題所招致的。關於尼眾在古中國的社會地位，白文固等著的《中國古代僧尼名籍制度》書〈從僧眾尼尼亦眾到僧眾尼寡的變化看婦女地位的下降〉文中說：「而殆至宋代，情況發生了重大變化，即受理學的影響，婦女地位日趨下降，在身份上日益成為大男子主義的附庸。（中略）當時的婦女不大樂意出家，更不願出家為女冠。」日治下的台灣，因為宗教政策下的因素，尼眾地位在寺院中提高了，戒德修持好的不少，發展到今日的台灣佛寺，尼眾的成就與地位更是大大地提高，在教界與社會上都能發出自己的心聲。

老年人出家問題，淨心法師說：「每年的傳戒會都是如此，老人出家者相當的多。本來，僧伽的責任就是要負擔如來家業，弘陽佛法，濟化眾生。老年的出家者，把寺院作為晚年的寄脫處，修行辦道之事，本無可厚非，但是如從荷擔如來家業，弘法利生的貢獻來說，是值得考慮的。依據現在台灣老人出家者眾多之事看來，教團和寺院將因而老化，並且將因此產生種種的問題，對於此事有值得慎重研究的必要。」接引知青，鼓勵知青學佛或早早出家，但這是個人的認知問題也是社會問題。就此，道安與明復法師，特重中

年僧人的出家與教育問題，還有青年佛子的養成。而惟覺、曉雲、聖嚴諸法師鼓勵青年學子早入佛門辦道，因此有的佛寺造成聖俗之間的衝突，甚至鬧到警局產生官非。

對於佛教的法緣好壞，關涉到僧才問題，早在大陸僧人來台就注意到叢林與都市寺院相配合的弘化工作，但後來卻走向山頭式的發展。淨心法師說：「現代的台灣，因為沒有大叢林，出家者對於基本行儀的學習，唯有仰賴傳戒會。」「現在的台灣，因為只要受完三壇大戒，取得僧尼資格後，不需要經過住持資格的考試，就可擔任住持。」「由於沒有住持資格的限制，以及能自由的創設寺院的緣故，這數十年來，寺院的數目已大大的增加了。尤其是（僧尼）卻普遍的不足，這對台灣佛教的發展，並不是好現象。」男僧流動性大，真誠的隨侍師側精進辦道，或是留在佛學院求學者罕，設立僧伽大學有其迫切性，但已經慢了許多。後繼者問題，不但是佛教，也在天主教等宗教團體裡存在著。如何讓年輕人生起信心，培養出宗教熱誠的後繼者，是現代宗教領導者的重要課題。

人類的倫理，大多來自宗教倫理，但世風日下之際的今世有很多人在呼籲，希望藉著闡揚宗教倫理，以喚起人們善良的本性，來樹立社會的秩序。把世間上的人類當作佛陀般的尊敬，這就是大乘佛教倫理的特色，而不僅只配合政府的決策。淨心法師在〈佛教倫理的特色〉一文中說：「身為世尊弟子的我們，必須學習常不輕菩薩行，把世間人類當作菩薩一般地尊敬對待，並且向世間上的人們弘揚這佛教的特色——平等的絕對倫理，以淨化社會人心，整頓社會秩序，期望人間淨土早日實現。」當前台灣的佛教，包容了儒家的孝道還有民間的習俗，使之更能在社會上被人所容受而有突出的發展，尤其是人間佛教教團的慈善事業拓展到世界上許多角落；而佛教界在教育上的提昇，使佛教從被台灣知識份子與沒有宗教信仰的民眾認為是迷信、不科學、離世、出世的東西，進而到佛法不離人、佛法不離世間覺的推進與覺醒，佛教僧尼在觀念上的再教育與教化上的善巧而逐漸為人所信受；這些都是台灣宗教信仰的特質，也是佛教本土化的跡象，更是中國大陸所沒有的現象。

民主國家封閉性與開放性的團體，兩者是兼容必蓄的，缺一則容易滋生重大事端，居於宗教信仰的自由，有要尊重他人的選擇，對於所謂外道、異教或者是民間信仰，要本著慈悲心、平等心、包容心、體諒心去看待或接

引。關於僧團組織，大家都知道要團結才是力量，但意見總是紛歧，誰也不願被統一、被管理，因佛教講求自由、平等、自律，且自家還有一堆問題與志業要去努力。就此，淨心法師在〈探討未來的世界與佛教的問題〉文中說：「將世界的現況，與世界一統的天主教團作比較，只有汗顏而感到慚愧。尤其是中華民國的佛教，原來在中國佛教會統轄之下維持其團結，但由於人民團體法的再制定，允許於同一地區，得以設立兩個以上同性質人民團體以後，與中國佛教會同級的教會組織逐漸增加，分離了原來統一的教團，而失去了團結的力量，這是很遺憾之事。」「綜觀世界的動向，未來的世界是組織的世界。組織弱的團體，不但會受組織強大的集團的壓制而無法擴張其勢力，將會在其勢力之下消滅其蹤跡。全世界的各舊有宗教或新興宗教，都正在各盡其力擴張教勢的時候，為了紹隆佛教，必須正視並努力於世界佛教的大團結。」宗教與民間信仰的特質，在於佛菩薩與神靈，當中僧尼與道士就顯得格外重要，僧尼與道士、通靈人好好修持，自然得到信眾的護持，說如法不如法那是信念問題，民眾要看的還是德行與功力。

佛教從封建王朝下退下了僧官制度的枷鎖，歷史推進到共和，佛教成為國家發展上的一個環節，獨立的、強而有力的、不受政治擺佈的、全民尊重的僧伽，在中國史上從來不曾存在過，除了西藏。歷史不可能走回頭路，政治與宗教在教界總有說不完的故事，雙方難免存在著情結。這個聖與俗、佛教與政治，常是佛門中的大課題，人心總是矛盾，如太虛法師的人間佛教之舉，且說內聖外王之德。淨心法師在〈宗教與政治〉文中說：「我不贊成宗教的領導者——僧尼、神父、牧師等，直接參與政治，但我主張宗教要關心政治、淨化政治。在這種前提下，要推舉更多篤信宗教，有捨己利人犧牲精神的人格者，加入政治陣容，改變其體質，才能淨化政治，使國家得利，人民得福。這應該是宗教與政治關係中，很重要的一環。」由是居士佛教徒，就顯得格外地重要了，台灣居士佛教徒勢力高漲部份原因在此，另一點是台灣居士的行化比久住寺院的僧尼方便得多；台灣人喜好修行與做善事、行功德，由是不論佛道的居士或尼眾逐漸形成了教化上的生力軍，自然變成一種新興教團的模樣，這不是用古代的教戒所能規範得住的，這也是台灣宗教信仰的特質之一。

近年來「地球村」、「藍海策略」的名詞，已普遍深植人心，或能以佛教相依相資的因緣觀，彼此合作，共同來保護自然生態，維護本土文化與生活

環境。佛子們強調，「未來的世界，如以大乘佛法為人類的指導原則，才能解決一些問題，為人類帶來幸福。」淨心法師在〈引導二十一世紀的佛教〉文中說：「二十一世紀是宗教的世紀，當那些知識份子們，科學絕望時，轉向佛教追求人生真諦的時候，我們該如何滿足他們的願望，這是身負弘法重任者，應該預做準備的嚴素問題。又社會的各種問題，都是人心問題，而人的問題就是心的問題。」「淨化人心，是解決世界人類所有問題的根本，我們應該牢記佛陀賦予我們『淨佛國土、成就眾生』的神聖任務。」在西方科學未傳入中國發達前，傳統文化早是國人的精神食糧，至今依然如是。未來的世界，不可能單靠佛教，但以宗教輔助政治，宗教輔助科學，以宗教淨化身心靈，則是可行的途徑。

總之，關於台灣佛教的發展，白聖長老在華宇出版社出的《現代佛教學術叢刊》「序文」中說：「近 30 年，台灣佛教之發展，頗有明顯之進步跡象。其中，佛書出版之日漸蓬勃，尤為眾所週知之事實。」台灣光復之初，不唯大藏經難得見，即或單行本佛書，亦為數甚少。然時至今日，單行本佛書充斥坊間書肆，藏經之流通於世者，乃有 6、7 部之多。與 30 年前相較，真有天淵之別。綜觀光復以來之佛書出版史，有 3 件大事值得一提：其一是為大正藏、卍續藏之再版。（中略）第二件大事，則是張漫濤居士所編現代佛教學術叢刊 100 冊之出版。（中略）由藍吉富居士主編，選取國際佛學典籍百種，悉迻譯為中文，編成世界佛學名著譯叢一大叢書，其事較前此兩大事業更饒意義，亦更為艱難，謂之為光復以來台灣佛書出版史之第三里程碑，實非過甚之辭。」（民 73 年 11 月）因時代的動亂，加上台灣傳統的佛教界，大多不重視佛學，印順法師說：「這才使國內佛教學的研究環境、研究水準，遠遠的落後於國外，無法適應趕上，這真是近代中國佛教的痛事。我覺得，30 年來，由於政治安定與經濟繁榮，宗教自由，佛教界也有了新趨勢，對於佛教學的研究，已有了可能性。」台灣佛教不乏有遠見的長老，如南亭和尚在〈一個好現象一個新希望〉文中說：「我嘗有一個幻想：目前的佛教缺少貢獻社會的公益事業，尤其缺少真實修行的僧尼。有貢獻社會的教育、文化、慈善事業，纔能增加佛教存在的價值；有真實修持的僧尼，纔能感動群眾來信仰和擁護。宗教的基礎，建築在群眾身上，佛教自亦不例外。」對佛教來說，出世間法與世法、佛法與佛學都很重要，印順法師在〈研究佛法的立場與方法——佛法所以超乎世間法之處〉文中說：「因為佛教也好，其他宗教也好，都要教你正

常，修行的人也正常，中國佛教過去許多大師，能夠組織佛教，能夠發揚佛教，都是平淡正常的。（中略）佛老人家，生在我們人間，主要用誡教來引導，不是侈談神通。因為外道也有神通，用神通上建立佛教，佛教就和外道一樣了。」

民國74年12月，佛光山舉行世界顯密佛學會議，但台灣各地傳統的佛教寺院辦學還是很保守的。筆者由次年起代替明復法師的教席，到不少名剎的佛學院任教中國佛教史課程，看到佛子素質普遍低落，且多以唸佛為主，寺院辦佛學院其一是需要人手，因為要趕經懺辦法會的緣故。寺院較重視高僧行誼，學子不大重視學術，而大藏經如祖師般，都被供在櫥窗內，拿來瞻仰不是拿來研究。有的佛學院，不喜歡教師在課堂上，談論密宗與禪修問題，說宗教亂象與佛教弊端，更是大忌諱了，因各宗派或多或少都有些關連性。她們喜歡僧尼上課，對居士學者大有偏見，只有少數如華嚴蓮社與佛光山叢林學院，習慣聘請學者專家到院中教授各種學科與新的知識。20多年過去了，當今的佛教生態，在很多層面上大大有所改觀，如引進各種南傳修學與藏傳佛教，來充實學養，甚至武學氣術、養生醫學、文學藝術、資訊傳播等科目也在佛學院中傳習，部份僧尼對民間信仰也有所認知，寺院常辦理參方活動，以及參與各方學者專家舉辦的學術交流活動等；加上闞正宗君出版了一系列的台灣寺院巡禮，這都可以促進佛教的本土化、現代化的腳步，以及佛教對社會的行化加深加劇且產生更大更深廣的影響力。

本書的論述，雖然闊遠，難免在某些議題上，有缺深入之處，而提綱契領以說，旨在當個拋磚引玉的工作。誠如揚惠南教授在《當代佛教思想》「自序」文中說：「透過當代中國和台灣佛教思想現況的討論，為未來的佛教尋找出一條健康而又可行的發展道路！」但本書不僅為佛教著想，也為鍾愛神道、氣術者提供某些思索的管道或進路，如古禪德說：「開心果子合盤來，和者會取！」

賴建成

寫於新店達觀鎮松風樓 2006/12/25

目

次

第一章 緒 論

一、研究的動機與方向

　　當前台灣的上空，因人心根性的問題，彌漫著一股難以消退的貪腐、不正的歪風。加上媒體在輿論上與視覺上，產生大作用，其大肆報導一些似是而非的成功案例，如盼望早成而只顧慮謀取暴利而採取一些違反人權與不顧他人身心安康的策略，在在影響著人心向善層面的發展；此外，整個社會問題叢生，如言行失偏，就業生存困難，人們憂鬱程度加深，政府因亟謀出路，經濟控管失當導致多人走上絕路。這些都讓有心人士，感到憂心忡忡，正知正見的薰習與引導，是當前有關當局與宗教、學界等團體，首當其衝要關心的議題。加強品德與心性的教育、審慎輔導、自我省察，是社會發展中最重要的一環，很值得我們加以深思。

　　佛教在台灣的發展，伴隨著傳統文化所產生的一些內外部問題。政經局勢雖然影響著她發展，而社會信仰與問題，則讓她更要審慎地思索如何「在歷史發展中找到自己的正當性。」〔註1〕本書就以宗教發展為主要論題，範圍關涉到社會問題、民間信仰與神壇現象，還有各種宗教現象的融通、轉化、提昇問題。而這一本書的出版，也是用來紀念明復法師對我二十多年來的宗教教育，尤其是佛教觀念的啟迪，當中最重要的是禪的思維與實踐。是書乍看起來，是由不同的單元組合而成，但整體來說是一部台灣宗教史核心問題的一些考察，是一部台灣宗教社會現象史，其中最不能漠視的是佛教信仰與

〔註1〕《中國時報》，民85年9月16日。

民間信仰間的融通與進路、社會信仰的特質及其轉化、佛教的教育以及宗教心靈教育的提昇，尤其是禪思維與人文精神部份，因為全人教育與生命教育已是當代心靈風氣的主流文化之一。

　　第二章「當前社會現象與佛教教育」，是我跟隨明復法師，編輯《獅子吼月刊》、《佛學藝粹》、《佛教藝術》，尋找一些文章準備出版《佛教近百年大世紀》、《近代佛教史十大專題》等書，參加過多次的學術研討會，並且代替他老人家在諸方佛學院擔任中國佛教史的教席多年，身為歷史學者的我，對社會現象起了一點省思，也可說是接觸宗教久了，受到了某種程度的薰習，總要做點事來回饋，一方面也對自己的知性有個交待。文章的形成有一段故事，法師一再訴說台灣文化奮進上的諸多問題，還有身為佛教徒，他發現到要發展佛教教育，有某些關鍵性的環結要去突破，佛教教育對當前社會的發展有其重要性，所以非作不可，因有其迫切性。他談到台灣的佛教教育，不可忽視道安法師、白聖等諸山長老的志行，重要的是佛教大學的成立及其規模、宗旨，還有宗教法人的問題。法師常有感而發，說些鼓舞人心的理想，甚盼佛教能成長到良性地能與世界其他國家的文化接軌、交流，使作文化上的一些奮進。他老人家話頭雖多，念念不忘的還是佛教教育。為了紀念白聖長老圓寂三週年，他準備編輯一本論文集〔註2〕。我陪著法師走在羅斯福路上，邊走邊談話題，話鋒一轉他邀我寫出一篇五千字有關佛教教育的文章，我回去找資料看報紙，與張憲生兩人邊談邊寫，欲罷不能，寫出了三萬多字來了。他老人家一聽笑呵呵地說：「等您刪成五千字來，是來不及了，您以後自己出本小冊子吧！」當關世謙居士等人後來接掌《獅子吼月刊》時，向我邀稿，我就投寄給他，分四次刊載〔註3〕，頗受好評。龔鵬程教授在「般若文教基金會」幫忙學術活動時，來函邀我做專題演講，談的是佛教教育。事隔多年，台灣的佛教生態，部份已經大為改變，佛教大學紛紛成立，但僧俗成立的宗教大學問題依然存在著。佛學院的教育人才，以及學生素質的提昇，還是等待有心人士去改善，因為政府核可立案承認學位的佛學院，行將一一出現。這十多年來，台灣政經局勢大有轉變，資訊是爆漲了，整個社

〔註2〕能仁家商董事會《白聖長老圓寂三周年紀念論文集》，民81年3月。明復法師當時找賴賢宗來協助編書，這是在帝后飯店初識賴君不久之後的事。

〔註3〕〈當前社會現象與佛教教育的考察〉一、二、三、四、五，《獅子吼雜誌》第31卷第8～12期、第32卷第1期，民81年8月15日～82年1月15日。

會人心卻隨之浮動，神壇現象、宗教斂財、假僧人騙色問題，還有靈異算命節目繁多，宗教心靈教育與創意創新教育，成為時代發展中的一大課題。所以對台灣人的宗教信仰，及其層次之轉化，實有必要更深入更廣泛的加以探索。

第三章，主題是「民間信仰與神壇現象」，是關於台灣民間信仰及其內部轉化情形之考察。民國 83 年到 89 年間，我在學校沒有擔任行政職務，那段期間除了一些校內服務工作，如通識課程總召集人、教師氣功學社社長之外，課暇之餘出席學術研討會，到佛學院教授中國佛教史課程等，其他時間就是輔導學生身心問題，這讓我接觸到靈異、神壇現象；還有為了教導學子氣功、禪修，同時回憶往日的佛、道師友如明復法師、王朝聰君等人的苦心傳授禪道，數年來我寫下了多篇有關「心氣行法」、「禪思維」與「心性管理」的文章，集合成《禪思維與管理藝術》三集，邱依忠教授、陳文元教授諸人出資助印流傳。92 年初，為了方便於處理學子身心障礙問題，與陳文元君在安忠路豪觀頂樓，成立大勢至道場，加上認識內政部黃慶生科長，促成了我對民間信仰與神壇現象的研究。動員了熟識的師生如張憲生、陳文元、段承恩、吳世英、鄭玲玲等人，做了部份田野調查與訪問；民 93 年 2 月 24 日內政部來函邀稿〔註4〕，撰寫《宗教論述專輯》第六輯《民間信仰與神壇》，要諸方專家學者提一萬二千字左右之專論，我寫了近三萬字。此文，除了上文再加上一些最近幾年的神壇、道場參訪，還有會下學人練習自然內功的一些心得增修以成。

第四章，是「漢藏佛教之異同與發展」。內政部主辦的宗教教育活動，在三峽佛光山金光明寺舉行。座談會的目的，其計畫書上說：「為了解藏傳佛教在台灣實務運作及漢藏佛教之異同與發展，本次座談會邀請景文技術學院副教授及中華慧炬佛學會秘書長鄭振煌擔任講座。邀請對象，國內藏傳佛教團體及登記有案之漢傳佛教寺院負責人及幹部等相關人員共 120 人。」〔註5〕我在會上發表〈漢藏佛教之異同與發展〉專題演講，之後還有座談會交換心得。此文，係依據專題演講文再整理增訂而成的。

第五章，是「顯密行人的必備條件」。起因於多次參加佛光山主辦的研討會，我觸及到新興宗教，對其形成問題，以及本土化、國際化的課題，產生了

〔註4〕內政部民政司函台內民第 0930066010 號。
〔註5〕《漢藏佛教交流座談會手冊》（內政部出版，民 93 年 10 月 7 日），頁 1～2。

興趣，剛好內政部論述專輯第五輯是談論到新興宗教問題。〔註6〕還有陳伯源講師見我對神壇、密宗，很感興趣，引我與黃慶生科長認識了真佛宗的數位重要負責人與上師們；黃慶生科長居於政府輔導宗教的立場，我則站於提昇宗教信仰品質的角度，兩人不謀而合，鼎力協助真佛宗盼其教派能公開化、透明化面對社會，並與諸宗教交流。在多次會談之下，初步構想是召開國際研討會，後來鄭志明教授也參與討論，我建議秘書長黃正務先生給予其顧問頭銜使能安心辦事，我也於民93年4月1日得到他們給的教育顧問聘書。因為，他們沒辦過研討會，我建議諸上師於民93年5月26日到景文技術學院來，觀摩我所策畫的通識教育中心研討會，他們全程參加，由是信心更加增長。又經過數度的見面協商，訂出了會議名稱「第一屆台灣密宗學術研討會──傳承與本土化」，在台北國際會議中心舉行，上午研討會由我負責規畫，下午場次由鄭志明教授負責，最後座談會的名稱「密教行者的生活態度」，是我建議的，我寫一篇文章〈漢藏佛教之異同與融通──兼論密宗行人的必備條件〉當引子，座談會由鄭志明教授負責，張憲生助理教授協同主持，後來加上蓮戒與黃英傑上師。

關於那次研討會，獲得部份回響，大家覺得要檢討的是下回要極力去爭取各教團以及新興本土教派來參加，廣泛地溝通意見，使作更好的文化交流。在會場上，與香港艾恩思博士談話，他恍然大悟地說：「原來是您們籌畫的，難怪有如此的場面！」那研討會，黃慶生科長盡了最大的力量，盧勝彥先生由神壇通靈發跡，一路走來備極艱辛，有道教、佛教顯密的融通，在世界各處開創出真佛宗來，在台灣他仍是爭議性人物，但卻有著極大的教團、廣大的信眾，不能忽略其影響力與濟化成就。黃慶生科長說：「依據內政部統計，台灣地區藏傳佛教團體依人民團體法規定立案的，約有二百多個，藏傳佛教僧侶每年約有二千人來台從事宗教活動，而接觸藏傳佛教的台灣信徒，約達三萬次以上，可見藏傳佛教近年來在台灣蓬勃發展。藏傳佛教是指佛教傳入西藏後發展的特殊宗教型態，在台灣有西藏佛教、喇嘛教、西藏密宗等稱呼。藏傳佛教多元化，其中以格魯派（黃教）、噶舉派（白教）、薩迦派（花教）、與寧瑪派（紅教）在台灣傳教較具規模與歷史。除了藏密佛教外，漢傳密宗近年來也以本土化的傳承思維在台灣推動信仰與修法的共業，希望透過國人對藏傳佛教熱衷依止，將藏密融入台灣宗教生態環境中，建構出一個具有創

〔註6〕林美珠等編輯，民92年11月出版。

意修行，在教理與修證上能更為契合現代社會需求神聖價值。中國真佛宗密教總會體認到，藏傳佛教雖著重於傳法的信仰推動，也應該積極推動佛法學術化的研究，除整合密宗佛教的派系歧見外，也藉以建立一個對話的平台，讓密宗的溝通與交流能在學術中立、價值理性與包容圓滿中進展。「傳承與本土化──第一屆台灣密宗學術研討會」就是在這個理念下順利舉辦完成，雖然只是小小的一步，卻是密宗交流與傳佈的一大步，尤其會中幾位教授所發表論文，深度與廣度均已足夠，除欣見台灣密宗學術傳布與研究的活動能繼續舉辦外，亦樂為之序，謹誌短文，記其盛事，同樣肯定其所顯示的意義與貢獻。」〔註7〕

　　這數年來，我與黃科長幾乎每週會見面一次，談的多是神壇、宗教教育與教界問題；對於真佛宗的某些革新，他給予肯定，以上他的一些話語，是我們的部份心聲。他說：「真佛宗是沒甚大問題，只有一領導人的問題，經過多次的談話，我想他們內部的人都有同感，不敢明說而已！」我說：「那就要爭取時間，從外部去改變他們的內部，依我看他們的一些上師是蠻不錯的，如同星雲會下人才濟濟，慈濟功德會體系龐大，存在的內部問題著實讓人擔心！新興宗教總讓人擔心其教主，還有她下一代的發展！」事實證明，理想要落實，還是要多磨練的。保守加上防外心態很重，是當代佛教教團發展的現象之一，以法鼓山為例，廖翌汝在〈聖嚴師父全省巡迴關懷行1中部──同心同願步步相隨〉一文中說法師：「對外推廣法鼓理念，在地區落實整體關懷……師父足下跫音雖然愈行愈遠，但是因為師父的悲願，堅定『一師一門，同心同願』信念的地區悅眾，將緊跟師父步伐，在菩提道上與師同行。」〔註8〕教界各行其是，說正信的聖嚴法師也無可奈何！如今聖嚴法師走了，法鼓山的未來還真要依靠繼承者與信眾努力發心了！〔註9〕

　　「一師一門，同師同願。」這種宗教信仰特質，是當前各派顯、密宗教的特質之一，在山頭、英雄、名星主義之下，依師家說法還是牢不可破的模樣，如是行人就失卻了參方眼，特重師教、宗眼，諸宗行人越行越遠，缺乏了包容與交流對話的機會，「法不流傳，容易變成一灘死水，更何況是僅依一人

〔註7〕《2004台灣密宗學術研討會論文集》序1，真佛宗出版社，2005年3月。
〔註8〕《法鼓山雜誌》，焦點報導，2003年4月1日。
〔註9〕賴建成〈想念聖嚴法師！身體有病心裡沒病！〉，「醋貓隨草」部落格，2009年2月4日。〈大師會大師系列2──單國璽與聖嚴法師〉，「醋貓隨草」部落格，2009年8月7日。

呢？！」關於真佛宗，傳統的佛教教派的佛子不敢趨近，真佛宗自稱：「講求的是一個真字，強調一切要實修實證，所以實修最重要。」〔註10〕他說真，而別人卻多說邪！最近師弟吳枝開來訪，談到真佛宗，他說：「盧勝彥，自稱活佛，但他密法的來源沒問題！」那問題出在哪裡？我想這要問研究民間信仰、熟悉諸宗派的學者專家如鄭志明教授了，他研究真佛宗已是多年，盧勝彥出的很多書籍，他都很有興趣的加以研究一番。蓮悅上師送我很多他師尊的著作，言下之意要我閱讀研究，看可否在研討會中發表，我主張寫下個人修持法門與心得為佳，我想他們心裡頭是頗失望的，但對國際研討會來說，不僅是唱導「一師一家的門風與學問」而已，我與鄭志明教授的規畫，說實在是真的為他們好在著想。後來我接著吳枝開的話說：「真佛宗的密法，沒問題，是盧勝彥的一些書籍說法內容，有時會忽然轉到神跡、神通之上，失卻了佛法的正宗精神。」所以黃科長會說：「是他個人問題！」這或許與他跟神乩相通多時，而受民間道教信仰薰習深遠，有著極密切的關連。

　　真佛宗在世界各地的發展，很接近民眾，並且善用傳媒來宣傳宗主，顯教淨心法師等很注意這個現象。籌畫研討會期間，我與真佛宗黃正務秘書長與蓮悅上師的接觸，最為頻繁，他們說：「美國密教總會對於這個研討會，特別重視，派人來聆聽討論規畫事宜，並給與極大的肯定與支持。」還討論到論文的細節問題，如最好發表個人禪修法門與心得分享；還有真佛宗的定位問題，真佛宗與新興宗教的問題，我與黃科長一再強調：「真佛宗在台灣，儼然是本土化的密宗，已走向國際舞台；而本土化、國際化，是當前世界各國強調的主流文化之一，政府也大力在各領域推展活動，真佛宗當展示給各方宗教人士看看，不要縮在一角落，搞那山頭主義，使格局變小了。」我接著說：「現代佛教學會有些人對我加入此活動頗有微言，但我心想：『尊重各宗派的文化信仰，使作更高度的轉化，不也正是明復法師對我的教誨嗎？！』所以，我不以現代佛教學會首席常務理事身份參加，而是以一個學者一個佛教徒的身份參加！」我還建議他們多多介紹教團的精神特質、目前狀況以及未來的發展，成立研究機構網羅學者專家，成立佛研所培養人才，以及多出版一些便於接引學人的禪修小冊子。近一年的規畫與長談，賓主盡歡，研討會如期舉行，聚餐時共約來年再會。蓮郢理事長說：「預計 2005 年 9 月在台

〔註10〕《2004 台灣密宗學術研討會論文集》主辦單位序文，真佛宗出版社，2005 年
　　　　3 月。

灣成立密宗教育學院——真佛宗威德佛學院，以培養密宗弘法人才。台灣是一個越來越講求人權人道的國家，而也是宗教自由、人文薈萃的地方，近年來佛教密宗蓬勃發展，成為獨樹一格的榮景，然而屬於這方面的學術研究卻方興未艾。我們特邀請國內外專精研究密宗學者，出席發表專題論文及舉辦座談會，並集結成論文集。讓我們藉這次難得的機會一起來交流、探討，以促進密宗研究的學術風氣。」〔註11〕

　　第一屆研討會之後，二、三屆的活動，就由輔仁大學鄭志明教授負責了，其模式還是不離當初的一些規畫，第三屆的「2006台灣密宗國際學術研討會」，於2006年10月22日於國立台灣師範大學舉行，我亦受邀參加，好友們相聚不免又是一番熱情問候。他們的研討會，目前已辦到第六屆，走向跟大陸對岸的宗教界與學界作交流。〔註12〕總之，漢藏佛教有其異有其同，這數年來，在很多方面已有所融通，如對禪定的認知、吃素問題、上師法王的條件、尼眾團體與禪修色戒、教法與教學法法本的問題。

　　第六章，是「明復法師的行實與教化關懷」。這單元文章，主要是由四篇文章〈明復法師的創新精神與禪話意境〉、〈廖幽閒及其抽象禪畫〉、〈明復法師及其佛學文叢〉、〈明復法師及其會下的畫禪與禪畫理論〉匯整而成的。當中〈明復法師的創新精神與禪話意境〉一文，係民95年5月14日台北大學舉辦的「佛教史與佛教藝術：明復法師圓寂一週年紀念研討會」發表的文章〔註13〕；其他文章，則是刊登在新聞網上，還有禪資訊站〔註14〕上。2007年1月起，亞洲大學要舉辦大型的抽象禪畫展，畫家是廖喬科居士，其為喜好宗教的人士，曾深入一貫道門，推展佛教文物，還有做過多起為信眾消災解厄的活動，最後修密學禪有得；其與我，同在明復法師及如虛法師處參學，明復法師圓寂後，因緣使然，我們過從甚密，談到抽象畫展，他請我為他簡介與講評；同時，我們對宗教界的問題，也交換過廣泛的經驗與心得，部份的議題很是新穎，也是當前佛教發展上的大問題，所以我把它們納入書中來加

〔註11〕《2004台灣密宗學術研討會論文集》序3，真佛宗出版社，2005年3月。
〔註12〕第六屆的密宗學術研討會，曾找過我協辦，因為政府說要學界出面當橋梁，由學界出面為對口窗戶，比較能化解敏感性問題；這一次活動，除了研討會之外，包括大陸人士的參訪行程。因為要跟學校申請的緣故，我幫不上他們的忙。
〔註13〕《佛教史與佛教藝術》會前論文集（二），頁107～127。
〔註14〕「禪資訊站」網址：http://www.nzen.idv.tw。

以探討。

第七章，是「台灣佛教的發展與信仰的特質——兼論觀音靈感與圖像信仰」。95 年編撰升等教授的專書時，還沒有這一篇章出現。多年來我一直忙碌於練功、教學、授徒與論文發表，而眼看著學校的後進一個一個升上了教授，我依然在忙碌那些工作；加上我寫的論文，都是偏向禪宗與氣學，跟所教的科目不大符合。教台灣史的我，本想寫一本有關於《明復法師行實考與志行節操》的書，但考慮到資料不足，還有訪談也不是一件容易的事情，為這件事一直在傷腦筋的同時，一晚跟吳世英談到這個問題，臨睡前忽然想到一個題目，就陸續把篇章的主題給定了下來。

2007 年 2 月我順利的取得教授資格，但我發覺到我的專著《台灣民間信仰、神壇與佛教發展之省思——台灣宗教信仰的特質》一書，明顯地有不足之處，雖然我在自序中訂了一標題〈台灣佛教、信仰問題〉來補牆，但整體看來還不是很正式的論文。運氣總是跟著正信而有緣的人，雖然昭慧法師曾對著我說：「我看你是正信的佛教徒，但正信者總會有問題在！」〔註15〕

現代佛教學會、台北艋舺龍山寺要共同承辦的 2009 年觀音學術研討會，於 2009 年 9 月 12 日上午 9 時正式揭幕，兩天議程共計安排了 7 場研討會主題。為了紀念先民篳路藍縷，歷經千辛萬苦來台立寺，同時感懷觀音菩薩的慈悲願力與廣大靈感，作移民的精神依怙，並為慶祝龍山寺 270 歲生日，乃籌辦此研討會，以追溯觀音信仰的源流，探討台灣佛道兩大宗教系統中，觀音信仰的狀貌。研討會議題，自時代言，從遙遠的佛教誕生國印度討論起，沿著佛教傳播路線而入華、藏、日、台，由遠而近，由古而今。以研究討論的內涵而言，是就觀音信仰、觀音法門、觀音圖像、觀音文學的各方角度評析；其表現在文化層面，因是多元，涵蓋面廣，故研究方法也極為多樣。艋舺龍山寺自成立板橋文化廣場以來，一直從事社會福利事業，該年董事會除慨捐新台幣 1 億元以救助 88 水災的受難災民，發揮菩薩的布施經神

〔註15〕艋舺龍山寺慶系列活動《2009 觀音學術研討會》，2009 年 9 月 12、13 日。此次會議在板橋文化廣場舉行，我發表的論文在第 6 場次 9 月 13 日的上午，論文由昭慧法師審查與講評，她對論文意見多多，尤其是人格與現代化、台灣的比丘尼問題，我只能說改善與留意了！會場上的某聽眾在會後則說：「你學禪，為何不當面駁斥她！只聽她說話，未免太虛偽了！」其實在會議上，有其倫理在，何況是各人見解已是大異其趣，多說也是無益，但仔細思量後覺得昭慧法師說的，也不無道理在，所以會後我把部份觀點給修正了。

外，更舉辦 2009 觀因學術研討會，提升信眾的文化水準，堪稱是其對學術界的創舉。〔註 16〕

我會發表這篇文章有其因緣在，2009 年 6 月中我與孫家勤、陳清香兩位教授正忙於審查鍾美莉助教的碩士論文《敦煌唐代壁畫中的人物服飾探討——以維摩詰經變相圖中的人物為例》。〔註 17〕會後陳教授談到要舉辦觀音研討會與華嚴學術會議問題，因為時間緊迫她跟我邀稿，我說：「僅能寫佛教發展與信仰問題！」她說：「只要涵蓋到觀音信仰，就可以了！」這篇文章的出爐，就彌補了升等專著的不足夠處。

第八章「海峽兩岸宗教文化交流概況與展望」，在金門 82 年 6 月 16、17 日兩天的研討會中，學者專家大致上已經談論出將來兩岸可能的走向。但時空推移與人的心行已經有所變化，本文是依據當時研討會的論文修訂而成的。

第九章「身心靈與意識的統合問題——以禪道、政治談判與禪藝術活動為例」，是我寫一系列有關「身心靈與意識的統合問題」之一；鑑於國內在發展身心靈地圖，以及意識統合的研究，關涉到宗教的心行與科學的腦子問題。

最後是「結論」部份，則是概述當前佛教在發展上，其內外部所面臨到的諸多問題，以及推求其出路之省思；其中有關台灣寺院的發展情形，以及人間佛教的生態及另謀出路的一些運動與問題，還有佛教各宗派弘法的完整態勢、尼眾在台灣的人數與地位比重等問題，則非本文之專論，但可以參考闞正宗有關台灣寺院考察的一系列書籍，還有他的《重讀台灣佛教——戰後的台灣佛教》正續編兩本書〔註 18〕，其書中提供了很多戰後台灣佛教發展中改革、自省與衝突競爭下的佛教面向。李世偉在〈諦觀佛事直書史冊〉一文中認為，中國佛教會的角色與影響、非漢傳佛教系統的發展、民俗佛教的發展與特質，是他書中所未論及的。〔註 19〕身為佛教史家的我，嘗試探索出他所說諸問題中的某些部份，從事拋磚引玉與鑑往知來的工作。

〔註 16〕陳清香〈觀音學術研討會側記〉，《慧炬》第 544 期，民 98 年 10 月 15 日，頁 33～38。

〔註 17〕賴建成〈由敦煌學談到台灣的觀音信仰〉，「酣貓隨草」部落格，2009 年 6 月 19 日。

〔註 18〕闞正宗《重讀台灣佛教——戰後的台灣佛教》正、續編（大千出版社，民 93 年 4 月）。

〔註 19〕闞正宗《重讀台灣佛教——戰後的台灣佛教》正編〈序四〉，序（大千出版社，民 93 年 4 月），頁 20～21。

二、佛教的發展與本質

宗教與政治，向來是熱門話題，尤其是政教合一與政教分離的問題與爭議，未曾間斷過。宗教與政權之間的關係，向來很是複雜。有些宗教團體政權，須要仰仗統治者賦予其教團統制上的便利，或則是教團亟須要發展上的合法性，而跟政治妥協。有些政權，則須要仰仗宗教團體賦予其統治上的合法性；有些時候，政教不分，宗教團體同時也是主政的團體。而人類的倫理，亦多來自宗教倫理〔註20〕，所以大致上來說，一般政權都脫離不了與宗教發生關係，尤其是民主時代，為了選票或者是為了施政方便，政治人物還得拉攏宗教團體，有的請求協助，因此政教之間亦講求人際關係的和諧與融通。但基本上，宗教所關懷者，為濟化度人與修持邊的聖事，與政治要處理眾人世俗的事務，嚴格上來說雖然有殊途同歸處，但也是有所分際的。〔註21〕因此，現代化的國家，大體上也都要依照政教分離的原則，來面對民眾的宗教信仰；認為政權固然不應該受到宗教的干預，政治也不當干預宗教，而是在保障人民信仰自由的情況下，則應當尊重宗教的存在與發展。〔註22〕然而台灣的宗教團體有一個很矛盾的想法，即不想政治干預宗教，又想成立一個僧伽組織以利佛教發展，那誰來幫忙促成呢？這在世間是找不到的；即使是獨立於世間法外的僧伽組織，是佛教王國也好，那也脫離不了僧伽有政治人的心行，如西藏佛教僧團。而中華民族的佛教最是獨特，「縱使在舉世的滔滔之際，古中國或台灣的佛教都避免介入政治因此不會被政客、軍人或團體用來作為發動鬥爭、戰爭的藉口，凡此不僅說明了佛教與跟政治在本質上的差異，也顯示出佛教與其他宗教不同之處。」〔註23〕

（一）僧官制度下的佛教

佛教傳入中國的早期，這一異域的文化，受到中國傳統儒學文化的抵制

〔註20〕達賴喇嘛著、楊書婷譯《轉化心念》（都會脈動文化，民90年4月），頁204。

〔註21〕淨心法師〈宗教與政治〉，《淨心法師論文集》（淨覺佛教事業護法會，民85年1月），頁113～116。淨心法師且說：「為政者與宗教家的任務，是殊途同歸的。為政者，應該為人民而執政，而不是為個人而執政，這是為政者應該時刻反省的問題。而宗教應該為人類而存在，而不是為宗教而存在，這也是宗教家應該銘記在心的嚴肅問題。」（前引書，頁115～116）

〔註22〕陳啟章《大陸宗教政策與法規之探討》「龔鵬程序」，行政院大陸委員會，民82年6月。

〔註23〕關於佛教與政治之間的情結，參見《普門學報》第34期「編者的話」。

與影響，初時的中國人並不熱心於奉佛做僧。但自魏晉開始，方見有中國人剃度為僧的記載。東晉16國時期，出家之風方熾，隨之社會上便滋生出一個新的社會階層，即是佛教僧團或稱僧侶階層〔註24〕，佛道之間的融攝問題，從歷史發展來看誰先誰後儼然是一大公案〔註25〕。中國社會，在佛道兩大教團之間，還存在著後世所謂的民間佛教、民間道教、或者是三教合一的信徒與團體在，由是又衍化產生了傳統上所說的民間信仰與新興教派。在5世紀中期，南北朝政府實行了公度僧尼政策。公度制度的確立，對僧團階層的影響，是重大的，它剝奪了僧團勢力自主發展的權利，相反地加上了專制政府對宗教團體的控制力度。後來形成的諸多僧尼名籍管理政策，如唐宋的僧尼供帳制度、僧尼度牒頒給制度、唐宋金元明的鬻度政策等，無不以公度制度為基礎。

　　公貫僧尼，是中國佛教發展史上的一大特色，是古代戶籍管理制度中一項特有的內容。在印度，社會僧團自立名籍，如義淨法師說：「印度僧團，眾僧名字不貫王籍。」〔註26〕「如來出家，和僧剃度，名字不干王籍，眾僧自有部書。」〔註27〕而中國情況，與印度不同，封建專制政府為了控制這個特殊的僧團，自南北朝以來歷朝政府採取的辦法是，「設僧局以綰之，立名籍以紀之」〔註28〕。清政府時，更實施了多種管道來管理佛教僧團，以祠清吏司掌僧尼名籍，又以內務府和吏部、禮部掌僧官選任；在很長的一個時期內僧錄司僧官的選補權，實際掌握在內務府手中。地方僧官的選拔權在督撫，同時內務府還負責京都寺觀住持的選任，組織安排兩京年首節日的誦經活動。另外，清朝前期還實行過以滿州貴族管理僧道的辦法，這種做法一直奉行到乾隆帝統治後期。在清朝還實行過一種特殊的做法，若以皇帝名義賞賜

〔註24〕白文固、趙春娥《中國古代僧泥名籍制度》「歷代僧道人數考」（青海人民出版社，2002年12月），頁21。

〔註25〕有人認為世間的學問，在學科之上是哲學，哲學之上是諸宗教，諸宗教之上是道。古訓：「道法三千六百門，習者僅執一苗根。」宗教無高下，人執其高下，誰先誰後耳。

〔註26〕釋義淨著、王邦雄校注《大唐西域求法高僧傳校注》卷上（中華書局，1998年），頁114。

〔註27〕釋義淨著、王邦雄校注《南海寄歸內法傳校注》卷二「衣食所需條」（中華書局，1995年版），頁87。

〔註28〕釋贊寧《大宋僧史略》卷中「僧籍弛張條」，《大正藏》第五四卷，頁247。

僧尼時，住持僧系是喇嘛者由軍機處奉賞，住持僧系是尼姑者得由內務府奉賞，這樣清朝之吏部、禮部、內務府、軍機處都掌握了一部分僧尼事務的管理權。

度牒，是古代僧人的身份証明，也是通行證，事見唐時日僧來華的一些紀實。與歷朝的統治者一樣，清朝政府對僧籍和寺廟的管理，是十方認真的。僧籍管理的主要內容，是度牒管理，它是控制天下僧尼人數的大事。清朝統治者對此執行，頗為嚴格，且在納銀給牒或無償給牒辦法上，有數次政策的變更。順治十年（1660），停止了納銀給牒的辦法，通過了無償給牒制，自此從唐代以來行之千年的公賣度牒制的殘餘和影響，便隨之告廢了，這應該說是僧籍管理上的一大進步。其後隨著人口的增加，私度漸多，地方官無法檢查編冊，因此於乾隆三十九年（1774）通令全國：「僧道度牒，本屬無關緊要（中略），著永遠停止。」〔註29〕隨著經濟制度的改革，宗教管理制度也隨之改變，說的明白些就是推廣攤丁入畝以後，完全廢止人頭稅，只收地畝稅，農民無必要再以出家逃避稅役，故度牒也就失去了它的作用。〔註30〕

對於僧籍之設，似肇始於東晉，從此以後辦理僧籍成為僧政的重要項目，給有司增添許多煩難，但政府還是辦了下去。就此，明復法師在〈僧官制度之定型與蛻變──僧籍制的建立與管理〉一文中說：「當時辦理僧籍之不易，求貫之困難，而官府認真嚴格情形，亦屬希有。實際上最煩難的，厥為僧眾流動情形之管制。依佛律言，僧人不得久住一地，以免耽著逸樂，應以參學遊方為常務，如智者書信中所說的。煬帝曾誥誡國清寺僧不可『名係在寺、身住於外。』顯深為僧眾之流動所造成的困擾而不耐，乃至欲以王法取代佛法。後來煬帝登極，不可奈何的狀況下，不惜因噎廢食，下詔禁止僧人遊方隱逸。智者的高足大志禪師力諫，不聽，自戕而亡。雖未幾亂起，楊氏政權隨之瓦解，而僧籍制度卻流傳到清代末年未稍更改。」〔註31〕而我國僧伽遂在「以官轄寺」、「以寺轄僧」的制度下，運作不良而僵化，致使佛教之安危與勢力之消長，繫乎士大夫的態度與帝王之好惡。〔註32〕

在中國政治、社會等力量侵蝕之下，佛教不斷地適應環境，改變其面

〔註29〕《大清會典事例》卷五〇一「禮部・方伎」。
〔註30〕余正燮《癸巳存稿》卷一三「度牒寺廟條」，《連筠簃叢書》。
〔註31〕釋明復《中國僧官制度研究》（明文書局，民70年3月），頁41～42。
〔註32〕湯用彤《隋唐佛教史稿》「緒言」（木鐸出版社，民72年9月），頁2。

貌,方能存活下去,這就是俗稱的佛教中國化問題。〔註33〕對此現象,郭紹林在〈儒佛文化的合流對士大夫的吸引〉文中說:「儒家學說在總原則和整體上對佛教有所滲透,在一些枝節問題上,也存在著共同的或兩者合流的現象。」〔註34〕在此種情況下,佛教中國化加深,甚至有學者認為,因為儒家學說在佛教的滲透,「佛教完全改變了面貌」〔註35〕,但佛教並不因此失祛其教化生民、救濟有情的菩薩願行。相反的,中國佛教徒為圓成其菩薩願行,以順應中國政法、社會等方面特殊性質,創造出一種與印度或其他國家完全不同的方式,來遂行其濟化工作,這也就是佛教中國化。譬如菩薩行布施,在印度以個人的應機施捨主,傳入中國之後演變成一種社會救濟制度、社會福利制度,以及公共創產制度。並以此補救了中國傳統重農抑商政策所造成的弊害,以及宗法社會「親親而殺」觀念所造成的疏漏,使國人得以渡過許多次慘酷的災難,得以享受到富裕康樂的幸福,以及高度文明的教養,培育成睿智的理性與馨潔的道德,這便是佛教中國化的成就。

但是佛教這種事業與觀念,在政治上卻和君主專制「恩賞自上出」的傳統觀念相矛盾。同時,僧侶所倡導的各種宗教教化、社會福祉的組織,如義邑、義社、義產、無盡藏,也嚴重威脅到社會上豪強仕紳與「學而優則仕」之儒生的地位與利益。於是君子與士大夫合作,消滅全國性的無盡藏組織,且力阻邑社的發展,並用恩賞賜田法,把新興的禪宗叢林變成舊式的官寺組織。〔註36〕佛教的所謂法難,即是以這種強暴手段,壓抑像佛教菩薩行願這種高層次的作為,使屈就於低層次的欲望,使中國文化蒙受無法避免的創傷。佛教在一連串法難下,教徒千餘年的廣大行願,到近百年來祇落得一種破碎孤萎的子孫廟經濟型態,我執我見牢不可破,僧伽名存實亡,社會雖不乏名僧、大德仍稟持大乘佛法的宗本,但欲振乏力,佛教要繁興真的要待時了。〔註37〕

民國成立之後,僧官制度被取消了,但這「並不就是中國佛教會的振

〔註33〕關於佛教中國化問題,參見賴建成《吳越佛教之發展》「第一章第一節佛教之中國化」(花木蘭出版社,2010 年 3 月),頁 1~9。賴建成〈佛教之中國化〉,《獅子吼月刊》第 26 卷第 2 期,民 76 年 2 月。

〔註34〕郭紹林《唐代士大夫與佛教》「第六章士大夫奉佛的原因」(河南省:新華書店,1987 年 8 月),頁 272。

〔註35〕郭紹林,前引書,頁 271。

〔註36〕釋明復〈關於現代佛教寺院經濟問題的對話〉,《獅子吼月刊》第 24 期第 7卷,民 74 年 9 月,頁 39。

〔註37〕賴建成《吳越佛教之發展》(東吳大學,民 79 年 4 月),頁 10~11。

興。」〔註38〕不論是民初的中國佛教總會，或者是袁世凱訂定的「管理寺廟條例」三十一條，對佛教都是一種傷害，明復法師在〈沒有君主的君主專制政治下的僧政——僧官制度銷毀後的餘聲〉文中說：「佛教所幸兩千年來經無數高僧大德之經營，立下堅固的基礎，被管理以來，雖未像道教那樣慘，卻也已奄奄一息，垂死待斃了。」「僧官制度肆虐流毒，尚未立給予佛門動搖根本的威脅，直不過小丑跳樑而已，未若大憝之一噓。」〔註39〕其直伸說，我們不能「輕忽宗教在民族文化滋長中，不可取代的積極作用，與社會民生發展中，不可或離的助成功能。」莫「妄圖遂行行政統御之便，遽然出以殺雞取卵的手段，以政令絞殺宗教的無知念頭。」同時，也要佛子檢討僧行，莫染上「那種上諂下驕、弁髦佛、唯我獨尊、唯利是圖的習氣見解；」或「破毀六合敬法的高尚精神於不覺間，壞人法身慧命於叱吒指顧下。」「如果在當前這個時代裡，能從我們心田中割除這些稗莠，再興佛教只是俯身拾芥而已矣。」〔註40〕認識佛門中的汙染、顛倒，是其研究僧官制度的真正目的，我們要研究宗教信仰亦然，當認清宗教宗教法制的演進〔註41〕、僧侶信仰的層次、佛教的特質與精神之所在。

（二）兩岸宗教的命運

1949 年中華人民共和國成立，在其 1954 年制定的憲法中，雖然明文規定宗教信仰的自由，但佛教所遭受的傷害卻是很大，尤其是 1959 年的文化大革命，佛教寺院遭受破壞殆盡，有許多寺院至今猶未修復。淨光法師在〈宗教與政治的相互影響〉文中說：「現在的中國大陸，從外表看，政府對宗教是採取自由開放的政策，可是寺院要聽命於佛教會，佛教會須依政令規定行事〔註42〕，所以要能夠像台灣一樣，公開自由做佛教活動，恐怕不是短時間可以實現的。」〔註43〕

民國 18 年政府頒布「監督寺院條例」〔註44〕，做為政府管理寺廟事務的

〔註38〕釋明復《中國僧官制度研究》，頁 96。

〔註39〕釋明復《中國僧官制度研究》，頁 108。

〔註40〕釋明復《中國僧官制度研究》，頁 109。

〔註41〕有關中國宗教法制演進史略，可參閱吳堯峰《宗教法規十講》（佛光出版社，民 81 年 8 月），頁 29～156。

〔註42〕關於中共的宗教政策與法規，可參閱吳堯峰《宗教法規十講》，頁 113～127。

〔註43〕釋淨心《淨心長老論文集》「宗教與政治」（淨覺佛教事業護法會，民 85 年 1 月），頁 109～110。

〔註44〕關於監督寺廟條例，請參閱吳堯峰《宗教法規十講》，頁 177～200。

特別法，然對教堂就卻沒有類似的法令。政府播遷來台以後，對宗教的管理稍有變化。淨心法師在〈我國的寺廟法令對佛教的影響〉文中說：「監督寺廟條例只有簡單的十二條，內容只對寺廟定義、寺廟管理負責人、寺廟財務等，作原則上的規定，而對寺廟內部的事務與人事不作干預，所以雖然只是針對佛道兩教的差別法令，還可以勉強接受。但自民國四十四年之後，從內政部或省政府的民政宗教行政單位，陸續下達許多行政命令，這些行政命令，對於寺廟的事務、人事方面作了很多規定，干涉寺廟內部事務，嚴重破壞佛寺傳統體制，傷害佛寺僧尼權益，阻礙佛寺正常發展，對於正統佛寺造成了莫大的傷害。」〔註45〕對於宗教法訂定的問題〔註46〕，其說：「宗教法的遲遲不能立法，受傷害最大的還是佛教的正統寺院與僧尼，這也是佛教會努力於宗教立法的原因。政府對宗教的行政措施，適當與否，對宗教的存在與發展，有絕對的影響力，所以宗教與政治的關係，是不能隔閡的。」〔註47〕宗教還是不能脫離眾人之事，因佛法在人間之故。

（三）佛教在人間

從佛教在中國流傳，佛教高僧雖說：「不依王侯，高尚其志。」但也有人說：「不依王法，佛法難存。」或說：「政權與宗教的目的，同樣都是為了人類的福祉。」因此，佛教在中國社會的發展，勢必要與社會名流、政府官員及知識份子，發生關係。當國民政府在大陸時期，甚多佛寺係受到政府官員的保護與支持，同樣的情況也在台灣發生，佛教要配合政府的政策。邢福泉在〈台灣佛寺之地位及政治地位〉文中說：「即某一宗教如為政府官吏及社會名流所支持，此一宗教即極易發展與興起，因宗教之發展，與當時政治、社會領導人物或要人均有極為密切之關係，如佛教在南北朝、隋朝及唐朝之發展即為一例。在目前之台灣，甚多政治與社會上之領導人物均係佛教徒或支持佛教者，且將來之數目或許會日漸增加，最佳之例為台中之玄奘寺與高雄之佛光山。」〔註48〕如其所料想的，後來聖嚴、證嚴、惟覺、心道諸法師的教團也

〔註45〕釋淨心《淨心長老論文集》「宗教與政治」（淨覺佛教事業護法會，民85年1月），頁110～111。
〔註46〕關於宗教法立法問題的探討，可參閱吳堯峰《宗教法規十講》，頁525～577。另見林本炫《台灣的政教衝突》「附錄」，頁143～162。
〔註47〕釋淨心《淨心長老論文集》「宗教與政治」（淨覺佛教事業護法會，民85年1月），頁111～112。
〔註48〕邢福泉《台灣的佛教與佛寺》，頁16。

隨之繁興起來，還有一些居士團體如李元松、蕭平實、李善單、宋七力、妙天等，而混元法師也是如此在發展其教團。佛教教團與政權的發展，看似存在著共生共榮的因子，但古今卻是不同，這是值得考察的問題。

　　兩岸分治後的佛教處境，大不相同，據邢福泉的研究，很多於 1949 年以前訪問或研究大陸佛寺的學者都認為，多數大陸佛教僧侶均係愚昧無知，且甚多佛寺殘破不堪，亟需修繕。此種狀況，不復見於今日的台灣，佛教僧尼中之文盲幾乎已在台灣絕跡了。因國民政府遷台之後，首先推行六年之義務教育，繼之以九年義務教育。凡 1943 年後出生者，最少曾接受過六年的義務教育。由於來自信徒的充裕捐獻，台灣佛寺極少殘破不堪，或需要大加修繕者。因文盲及佛寺殘破問題之不復存在，已使得人們對台灣佛教的印象耳目一新，不似一些神壇，因主事者靈體不穩或者是經營不善，導致於乏人問津而殘破不堪。台灣批判大陸佛寺、宮廟在中共統治下，變成了觀光寺廟，僧尼、道人配合政治只做例行的佛事、法會，但佛教在台灣的發展，從重視修持、鼓勵僧尼教育、弘化濟世，轉變到寺院也成為朝聖與觀光的景點，這也是當初高僧們如道安法師所料想不及的。〔註49〕

　　古代的中國佛教以教團為基點在發展，再王權與儒生當政的體制下，佛化的人間是不可能有進展的。封建王朝解體後，儒教從此大受影響而衰落，唯有佛、道在民間勢力還在，且有教團的緣故，生機逐漸在台灣恢復，且找到進路，即人間宗教。人間的佛教、人生的佛法倡導者太虛大師，其晚年還在講「菩薩學處」，直在倡導「今菩薩行」，倡中華民國國民之德與佛教，其思想十足是思維著化儒為佛的可行性。佛教為了免受衛儒人士的排斥，融攝儒教，提出佛式的「內聖外王之思想與德行，深深地影響著當今的佛教界，太虛法師且被譽為「一個有頭有尾、貫徹始終的思想先知先覺者」。〔註50〕談到人間佛教，宏印法師說〈太虛大師的人間佛教特色〉文中說：「台灣最近十年來佛教很興旺，佛教徒眾多，人間佛教是最主要的推動力量。但是，今天我要提出一個比較嚴素、需要思考的問題，我請問大家，什麼叫做人間佛教呢？人間佛教的本質在哪裡？人間佛教有些什麼內容呢？所謂的人間佛教是不是

〔註49〕道安法師在松山寺重整《獅子吼月刊》，登文說中共迫害宗教；筆者亦曾為
　　　　文，名為〈中共的宗教理論與政策〉，《獅子吼月刊》第 24 卷第 5 期，民 74
　　　　年 5 月。如韓國僧人來台，亦到各名寺巡禮，明復法師的義子常作陪當翻
　　　　譯，參見賴建成〈有朋自遠方來〉，「醞貓隨草」部落格，2010 年 4 月 3 日。
〔註50〕釋宏印《宏印法師講演集》「太虛、印順的人間佛教思想」，頁 12。

佛教要跨出山門去做活動，佛教要現代化、社會化、大眾化，佛教要生活化、科學化，佛教要迎合時代，要迎合時代的社會性去辦慈善、辦救濟、辦文教活動，像這樣的社會性活動不斷的舉辦，這樣就叫做人間佛教了嗎？」之前，廣欽老和尚就直說自我修持的重要性，禪者是用破顯、遮遣法，其用意該是說慈濟功德會的會眾也該強調些佛門的修行問題，不要一直忙於辦理所謂的佛事，那些行法對法性慧命有多大幫助嗎？！這也是當前佛教學者在留意的課題。

　　台灣光復之後，甚倖中華文化能在台灣生根發展，看起來已經有著長足的進步，尤其是人間佛教的開展。但佛教到底存在著甚麼問題？未來的方向與可能的發展會有甚麼樣的情況？由於對整個教團的思考與關注，使宏印法師接觸到太虛大師的思想，這跟很多佛教僧尼與學者的想法有相似之處。佛教界長久來就存在著兩個值得憂慮的危機，一是神話，一世俗化。有人說一個民族有其神話，是極其重要的，但一個宗教滿佈神話，會使熱心奉持者的信心為之破滅。宏印法師說：「太虛大師警告中國佛教界說：『我門提倡人生的佛法，提倡人間的佛教，要避免走入庸俗化、神秘化。』甚麼叫做神秘化？佛法本來在人間，佛法應該滿人間才是，結果學佛的人天天和鬼神扯不開，滿腦子都是鬼神的東西，這就是神化，失去了人間化的意義。」鬼神是六道輪迴的眾生，人間才是最殊勝的，佛教說人生難得的意義在此，可以依此人身修持上進。「中國佛教本來提倡人間的佛教，結果走入庸俗化了。什麼叫做庸俗化？諸如求長壽、求消災、求健康、求添福添壽、求發財，以這種只關心個人吉凶禍福，功利思想的動機來學佛，就是佛教庸俗化的病根所在。」學佛能使人保平安，增添福壽，長得更莊嚴，面貌姣好，事業更好，或是賺大錢，這些只不過是人天功德，不能將它當作成佛的最高本質。佛陀是三界導師，覺行圓滿，如果他的信徒庸俗化了，如何顯示佛陀的偉大、高貴與胸懷，所以「每個佛教徒都該深入佛法，把握佛法的重點。」〔註51〕為了佛教，奉獻整個生命，星雲法師說：「現代佛教徒應該以現實人生的需要，幫助社會解除苦難為自己的願行。」〔註52〕

　　自從佛教傳入中國之後，甚多中國的佛寺亦為譯經中心、佈道所，在今

〔註51〕釋宏印《宏印法師講演集》「太虛、印順的人間佛教思想」，頁13～14。
〔註52〕釋星雲〈化世與益人〉，《普門學報》第36卷（佛光山文教基金會，2006年12月），頁14。

日台灣的佛寺仍具有上述的特性，如新竹的福嚴精舍的譯經院與台北市松山寺的佛教印經處，這些都有助於外國學者對佛教的了解。台灣的佛教界利用出版刊物、知青社團、獎助學金、廣播以及其他大眾傳播媒體傳教的方式，對台灣社會有深遠的影響。此外，寺院亦成立博物館，與其主辦的展覽，激發了信徒的踴躍捐獻及對佛教的向心力。為了宣揚佛教及與社會發生密切關係的目的，近年來甚多台灣佛寺採取積極的方法，以佛研所的名義來主辦研討會或坐禪研習會，參加的人數頗多，台灣佛寺對社會人士的影響力加深，一些對佛教有興趣而非佛教徒的人，不但有機會聆聽到佛教藝術、佛教史等相關論題，同時亦有機會研討教義上的諸多問題。而台灣佛教的社會福利及救濟事業，有傳統式的與仿之於天主教、基督教的形式。敬拜祖先，為中國傳統的風俗習慣，為適應需要，台灣佛寺亦如日治時代的佛寺設立靈骨塔來存放骨灰。佛教在行化上，大開方便門，可能基於四種因素；「一為傳播佛教之一種方式，且可在社會中受到歡迎；二是佛教徒認為此係其對社會所應負的義務及責任；三是受佛經教義的影響，因六度波羅密中亦強調佈施。」〔註53〕還有一種因素是為了經濟上的需要，因佛寺與佛學院人口眾多。而台灣寺院有廟會活動，或與宗教信仰有關，亦有娛樂及交易的現象出現，如萬華龍山寺，融入社群文化或民間信仰。總之，今日台灣的佛寺之性質，已較往日更加多元化，學佛的道場不僅限於佛寺之內，有以居家、別墅、空曠山林野地為修行場所者。連雲門舞集的演出，或說亦與佛教的禪產生關連性，佛教在國際社會文化的交流上已是大有其貢獻度。〔註54〕優人神鼓的演出，更不用說了，直扣人心弦。禪藝活動，更是如雨後春筍，直在冒出頭來。〔註55〕民間信仰中的靈乩，也在強調要自心自度，佛教的心智發展真能帶給鈴封社群心行上〔註56〕的某些思維與進路。兩峽兩岸的文化交流，能否會為佛教開展出新的進路，以利宗教文化的弘化，福國淨民，增強國家的整體發展，則有待觀望。

〔註53〕邢福泉《台灣的佛教與佛寺》「台灣佛寺之社會及政治地位」，頁18～24。

〔註54〕賈亦棣《藝文漫談》「雲門舞集演出淺釋」（明新科技大學，2003年12月），頁160～162。

〔註55〕賴建成〈說茶藝與茶道——感覺、習慣與應付〉，「酣貓隨草」部落格，2009年6月27日。

〔註56〕關於巫術，是一種對於世界的常識觀點的鈴封，請參見克利弗德·紀爾茲著、楊德睿譯《地方知識——詮釋人類學論文集》（台北：麥田出版社，2002年8月），頁115。

第二章　當前社會現象與佛教教育

提要

　　對於宗教與民間信仰的問題，星雲法師說：「正信比迷信好，迷信比不信好，不信又比邪信好。」〔註1〕他的意思是說，信仰如同為學，有深淺層次的不同，但一切信仰只要是勸人為善的，都有其不可磨滅處。而明復法師，則更加著重在傳統與現代化、國際化問題，他常教誨學子：「入讀古人書，出與名士遊，出交天下士。」中國從古以來，聖人假神道設教，一般開明的佛教徒，如南亭法師說：「但就人性如水，下流者多而言，信神終比不信神的好。」〔註2〕如同星雲法師，對於民間信仰有著尊重、包容的立場，然對於濫設神壇騙財騙色，鼓惑人心的神棍，則不在包容之列，因為它們屬於邪信的範圍。佛教是一種講求正因正信的宗教，不強調神通或者是特異的行持，從大陸到台灣弘化的僧人，強調人間佛教，以及生活佛教，還有與文藝活動結合在一塊，來改善人們的生活，淨化其心靈，提昇生活品質，以及醫療等濟化活動，因此除了傳統的中國佛教會之外，台灣有四、五個山頭興盛起來，星雲、惟覺、證嚴、聖嚴、心道等法師所領導的教團聲勢壯大，影響到政治、企業以及學術界層面。

　　本文以社會現象與佛教教育為主要議題，包括六個部份；一、「緒論」，談到佛法的特質，還有近現代佛教發展的趨勢，世學與內學的問題，以及威權之下的佛教生態。二、「眾生的執迷滯障及其應治」，說明台灣經濟發展所

〔註1〕符芝瑛《傳燈——星雲大師傳》（天下文化，民84年2月15日），頁291。
〔註2〕釋南亭〈佛教與倫理——宗教源流的探討〉，《南亭和尚全集》，頁46。

帶來的社會問題，科學與宗教的歧路處，宣揚愛的活動，以及心靈與環保問題，還有佛教界的改革心聲。三、「對政府宗教政策的省思」，內容包括政府對宗教教育的政策，政教情結，以及談到宗教教育的重要性。四、「現代化的佛教教育」，內容包括僧俗教育問題，佛學院的情形，人格教育的重要性，還有理想的佛教大學。五、「他山之石」，內容包括傳統與現代化的課題，健全僧團體制的重要性，以及發揮菩薩行願的精神。六、「結論」部份，討論到宗教在出世與入世的層面，內容包括宗教本身自律的重要性，還有社會問題，媒體的專業性，以及宗教與政治的關係。

一、緒論

佛教是一個重視修行與覺有情的宗教，由於重視修行的解脫道以成佛，乃產生一種既殊勝又方便的法門，即是菩薩道，修行者可以獨善其身的修行，而其獨修又不妨礙其把善行、悟道的種子迴向給眾生；還有一種說法是，修行者要生菩提心，自利利他，修持殊勝行的同時兼修方便法以度生。還有一種說法是，眾生因根器之不同，轉生成各種法界的眾生，所修持的法門雖然有別，但是仍舊不離世間覺。總之，不論根據哪一種說法，人間佛教依然都有其理論上或修持上的根據。台灣的佛教，隨著政經社會的發展，從受威權主義陰影下的苟活，逐漸地自主，走出了自己的一片天空，但也產生了諸多難以解決的問題，如僧團組織問題〔註3〕，以及居士素質及行化問題。

（一）人間佛教

近代佛教從太虛大師以來，一直稟持著佛教的特質之一，即是講究「佛法不離世間」的人間佛教。學佛的人，基本上要學做人、學做事，對世間法不即不離，來體現佛法的方便與般若之真諦。因此，佛教界有些人士為了度化眾生，不顧毀譽參與了政經活動，如佛教的仁王護國、平等觀、慈悲觀的理

〔註3〕淨心法師在〈探討未來的世界與佛教的問題〉文中說：「將佛教的現況與世界一統的天主教團作比較，只有汗顏而感慚愧。尤其是中華民國的佛教，原來在中國佛教會統轄之下維持其團結，但由於人民團體法的再制定，允許於同一地區，得以設立兩個以上同性質人民團體以後，與中國佛教會同級的教會組織漸漸增加，分離了原來統一的教團，而失去了團結的力量，這是很遺憾之事。佛教的世界性組織，雖有世界佛教徒友誼會與世界佛教僧伽會等，但都未能達成統一世界佛教的任務。」（《淨心長老論文集》，頁100）此外，僧團中最棘手的，第一是尼眾，第二是在家眾，第三是附佛外道，因為民主時代佛教的團體可以包括許多的社團。

念與作為,而心靈環保、佛化家庭也是另一種宗教輔助政治的活動。〔註4〕佛
教界的這些心行,早在隋唐時代就已逐漸融入中國人的禮法之中,也影響到
日本,但受帝王支持的佛教,雖然會一時的興盛,難免也會失去佛教的真面
目〔註5〕。據吾師明復上人說:「連 國父孫中山先生的臨時約法與三民主義
都蘊含著佛教精義。」〔註6〕當然這方面,百姓是日用而不自知的,由此更加
體現中國優良文化的化民成俗之功。另一方面,佛教為了度化眾生,不惜採
用社會上流傳而本非佛教所有的活動方式,作為宏化手段,以發揮真諦佛埋,
來轉化群眾的執迷滯障,使生正信,讓人人得以淨心正行,成為佛化人間。
星雲法師說:「我一生的理想,就是弘揚人生活佛教、生活佛教。」〔註7〕法
鼓山會眾說:「用音樂之美來清淨人心,進而接引大眾來學佛,就成為心靈環
保博覽會最大的特色。」〔註8〕談到慈濟,廖威凌在〈證嚴法師——人間行腳〉
文中說:「慈悲喜捨是佛教的精神內涵,而證嚴法師透過有行的志業,將佛法
生活化,普薩人間化,確實達到以佛教精神度化人間的成效。這點點滴滴的
過程,經由求真求善求美的慈濟文化志業記錄下來,不僅為慈濟寫歷史,更
為歷史作見證。」〔註9〕但也有僧人從不同的觀點來看濟化事業,而著重在僧
才教育與個人修持上的品格榜樣,所以不特別重視也不看好所謂的人間佛
教。人間宗教雜揉著民間信仰的成份,對此聖嚴法師說:「民間的正信,始終
未能普及。」且說:「唯有信仰三寶及皈依三寶,才是正信的佛教徒。」〔註10〕
但有人卻說:「正信的佛教徒,總是麻煩!」那意指甚麼?

(二)自我途徑

近代社會變動劇烈,為了因應世局,各門學科與社團紛紛調整腳步,朝
向整合與現代化的途徑邁進。以社會主義為例,他們研究社會各階層的現象

〔註4〕釋淨心《淨心長老論文集》「宗教與政治」(淨覺佛教事業護法會,民85年1
月),頁113~115。

〔註5〕釋淨心,前引書,頁110。

〔註6〕孫中山先生與佛教,請參閱〈中國佛教寺院制度的演變及其前途〉、〈監督寺
廟之史的剖析〉,覺風佛教藝術《明復法師佛學文叢》第一冊,民95年9月。

〔註7〕符芝瑛,前引書「打開山門走出社會」,頁117。

〔註8〕楊仁惠〈心靈環保全民博覽會〉,《法鼓雜誌》,2003年4月1日。

〔註9〕中央日報副刊「當代人物」,民90年6月5日。

〔註10〕釋聖嚴《您是佛教徒嗎》(東初出版社,民82年3月),頁16。對於正信的
強調,在聖嚴法師的作品中屢見,如《學佛的基礎》(法鼓山佛教基金會,2004
年7月),頁29~33。

與心埋的交互作用後，猛然驚覺到心理學所探討的集體無意識，然集體無意識又由何產生的呢？有的學者會聯想到佛教的「無緣大慈、同體大悲」的菩薩行，如此一來又非研究「業力」與「唯識」不可，總之看佛經外，還得身體力行。學問的難處在此，做學問的樂趣也在其中，所以社會學家與心理學家一樣不得不謙遜了，有人就說；「殊不知人類杜會中最重要的學問，乃是怎樣做人的學問，也就是所謂倫理的知識，而學問應以濟世為目的，濟世必以學問為基礎」。濟世是一種偉大的工作，一定要有高深的學問，誠如國父所說的，「革命的基礎，在於高深的學問。」一般人一聽到革命或現代化，要具備高深的學問，就氣餒了；但尊重生命、看重人生的人們，則彷彿看到歷史的偉大與理性的重要性。

現今的社會，特重人際關係，講究自我，追求成就與肯定。存在主義學者齊克果說了一句發人深省的話，「生命的無奈，在於走過方知來時路。」〔註11〕二十世紀中葉以來的存在主義者，追尋生命存在的特質與意義，經過一番掙扎，體會出了；「存在迷失了自己，走出了自我，創造了歷史。」恍似觸及到佛教所謂的「自性」，但悟得不透澈、不圓融，沙持才會初時迷惘，轉變到過度自我，到納粹集中營才知群體的可貴，看毛澤東語錄又成為共產主義的宣揚者，後提昇到人權鬥士，臨終前否定自己是存在主義者。臺灣五、六十年代有一批大學生受教授影響，不了解沙特生平，一聽到講「存在」、「自我」就風靡，放浪形骸，我行我素。存在主義者當中以史懷哲（1875～1965）成就最高。西方自迪卡兒提出「我思故我在」之後，心、物二元隨之蓬勃開展，衝出了宗教的樊籬，唯理主義與唯物主義也爭執不下，康德、費爾巴哈之後導出了唯心主義與唯物主義的流派。在這大時代洪流中，史懷哲大放異采，他深受神學、藝術、醫學的薰陶，他認為「存在」優於一切，它本身就是恩典，不管人類因何「存在」，都值得為所有「存在」而做。他聰明地跨過迪卡兒「我思故我在」的設限，直接去面對「存在」，不管他人的詮釋，他直觀生命而走向實做，一方面由神學中找到快樂的根源，一方面對非洲苦難產生無限的關懷。所以他跟一般存在主義者不同，別人得到的是諾貝爾文學獎，他得到的是和平獎。其在自傳中也談到基督教在時代演變中的世界觀，很值得我們思索，其云：「我們必須承認一項事實，即耶穌的博愛宗教，是他預示

〔註11〕斐傑斯著，牟中原、渠仲賢譯《理性之夢》（天下文化，1991 年 10 月），頁11。

世界末日即將到來的思想之一部分，我們不能以他宣布的觀念成為自己的，但必須轉化我們時代的世界觀。（中略）到目前為止，我們在不自覺中大量的如此做了。我們不顧經文意義，一再地將耶穌的教言，解釋成為和我們的世界觀一致。我們祇能以行動來調和二者，這是我們所需要瞭解的，我們必須要這樣做，因此我們必須承認，宗教真理因時代而有變的這一明顯事實。如此何能瞭解？以其主要精神和道德的本質來說，基督教的宗教真理仍然是不變的。外形雖然有變，那是因為要使其適應那些各種不同的世界觀。因此耶穌博愛的宗教，第一次是出現於猶太人末世學的期望中，後來在希臘，中古以及現代世界觀中得到了地位，但依舊保持其原有的一切。至於所採取的那一種思想體系，其重要性乃是相對的。有決定性的是，自其出現以來就主張的精神及道德的真理，對人類所產生的重大影響。」〔註12〕儘管基督教在時代發展史，扮演著不同的角色，其教義也隨之有所修正，然其主要精神和道德的本質，仍然不變。佛教也是一樣，佛陀即將入滅，弟子們惶恐失去依怙，佛陀告誡僧眾佛陀入滅後依自己，依正法為師。但後世學人多以經教為師，食古不化，終成過犯。〔註13〕所以佛教除三法印或五法印外，又有所謂「依法不依人，依義不依語，依了義不依不了義」之說。為了普濟人我，佛教的菩薩，古來就特重社會流行的世學與生的技能，因此學佛者除自修自省外，必須多規近「善知識」，定學不退轉，內外學博通，方足為人天師。

　　目前的世學體系，已特重社會科學觀念的養成，舉甘克誠所編的《社曾科學概論——倫理與道德》〔註14〕一書為例，是書第三章「正確的人生觀」第三節「適應人群中的生活」云：「人生最大的幸福便是身心康泰。有了康泰，在精神上便會心安理得；在身體上便會舒適和諧。反映在倫理行為上，對己便保持純潔的心靈，對人便會表露和悅的儀態，對事便會做到合理的安排，對環境則從容不迫，得心應手。（中略）每個人生存在社會中，必不免參加若干活動和工作，便自然發生事緣認同的關係，（中略）事緣的範圍，彈性極大，小則僅及個人的私事，大則有關全體人類的幸福，從人類長遠的前途來看，我們應首重視的乃是認同價值最高的事緣。（中略）由於人有埋性，能

〔註12〕《史懷哲自傳》，文國書局，頁39～40。

〔註13〕參閱南懷瑾《如何修證佛法》（台北：古老文化事業，1998年2月），頁7～8。

〔註14〕廣興書局，民88年8月，頁56～60。

夠辨別是非，產生趨善避惡的傾向，成為人性共同的趨勢。因此，人性認同的焦點，不是「本善」或「本惡」，乃是人性具有向善的特質，因而反映出人性的尊嚴。所以強調人性的尊嚴或人性的光明，才是人性認同的重心。（中略）真、善、美、群為人類共同追求的目標，綜合成為人性建構的基礎。（中略）在現代民主國家中，法律上已明自承認每個人應有的地位和權利。破除一切宗教、種族、政治上不合理的約束，成為獨立自主的人，確立了人權認同的觀念。人權觀念和人道主義已由國際重要文獻和各國著名學者的一再宣示，獲得普遍的認同。今後如何使每個人都能認識人權，尊重人權，進而推行人道。構成平等、自由、協和的群體，仍有待我們知識份子的倡導與奮鬥。」〔註15〕同書第二章第四節「開創自己的前途」，論及認識自我、適應自我、肯定自我、光大自我，文中云：「究竟應當如何認識自我，就身心修養說，約有以下幾種方法：（一）深切反省。（二）冷靜體察。（三）正確評估。一個人有了以上的認識，便知道如何憑自己的智能去適應環境，進而肯定自己去開創前途，充實自己去獲致成功，光大自己去發揚人生的價值。心情開朗，態度中和，乃是自我適應推展到群體認同（知足常樂——追求樂利）的雙線大道，也是自我開創的第二個步驟。三、肯定自我：（包括人生取向的肯定、學習興趣的肯定、事業理相的肯定）無論什麼人只要堅持一種有益於人群的想法和做法，便是自己的理想事業。四、充實自我：人有個別差異，每一個人的特質均不相同。怎樣充實自己？除了品德的陶冶、知識的追求、良師益友與正當的休間活動外，特需以三項充實：良知的啟導、潛能的發揮、體能的磨練、光大自我：（包括突破名利的束縛、消除恩怨的糾纏、化解生死的界限）自我既可從縱的方面延伸，又可從橫的方面擴張，那麼小我使可衍化為大我。依照倫理學和心理學的觀點，都認為自我兼有肉體和精神的部份，便可將現實我提升為理想我，使自我的境界更為崇高而放射光輝。足證自我可從個體堆廣到群體，從肉體發展到精神，產生光大的作用，以增進自我的價值，開創遠大的前程。」

現代台灣的社會，民主、自覺的意識提昇了，人們能夠選擇要過的生活以及想從事的工作。如佛寺早期僧、尼混居，僧人在台灣的地位高，比丘尼在傳統佛法的約束下有很多禮法要遵守，如今改觀很多，如比丘尼自建尼寺，自己籌組一個新的教團。在其他社會的角落裡，也變化許多，如台大生

〔註15〕其原文，取材自開明書店出版龔寶善編著《德育的原理》。

的途路也大有變化。在記者黃雯犀在報導〈楊伊湄：看到我的書校長會改觀〉文上說：「台大國企系畢業的楊伊湄在『仙樂園 Online』廣告扮蜘蛛精暴紅，34G 巨乳成焦點，是新出爐的宅男女神。昨聽聞校長所言『台大人當 show girl 很可惜』，她說，校長有獨特觀點，每個學生都有不同潛能，她知道自己在做什麼，也有很好的判斷力，未來想要主持和出書。」〔註 16〕台灣的社會處處充滿活力與生機，江靜玲在〈朝野齊打拼讓世界看到台灣〉文中說：「我很討厭台灣那些死政客與狗官們老是來騙我們、恐嚇我們。而沒有教導我們對手的優點是什麼？認清人家的優點，才是聰明的。要承認人家優點那麼多，我們就要做出自己的特色嘛！台灣還是有很多獨特的優勢。（中略）受限於國際政治現實，台灣確實必須比絕大多數的國家務實，付出更多心神與努力。（中略）不卑不亢，知易行難，對台灣，環諸國際現實，很多時候更是難上加難。所幸，台灣朝野，依然有勤於治事和認真生活的台灣人，讓台灣可以被世界看到與聽到。」〔註 17〕由此可知處於世界文化交流下的台灣，做那一行不僅要理入也要行入，如此才不會被西方人說我們學而不思、做而不夠專業與精透。

　　台灣人要自我心理建設之外，除了充實知性與知能，更要著重公民教育與世界性的倫理教育，但台灣內部的社會問題卻也層出不窮。所以佛教界在課徒之時，也不時提醒初入佛門的青年僧尼要認識佛教生態以及僧伽的處境，先做好參學辦道的生涯規畫。〔註 18〕在當前的環境中，獨自一人參學辦道固然是好，但苦處必多，過來人如是說。慈昕法師則云：「一個修行人，是不可自外於團體的。在大眾共住的生活中，怎樣周顧十方，圓融地處理一切；在社會變遷中，如何看清因緣的變化，扮演自己的角色，這些都是我尚待學習的。」〔註 19〕科學物質的發明與進步，可以增進生活福利，但內心的寧靜、覺悟，對佛子來說比物質更為重要；佛子們如不能下點功夫，就會妄取，執著於外在不實的諸法，不僅構成自己的問題，也造成教門的不安。我們學佛，

〔註 16〕《中國時報》「焦點新聞」A2，民 99 年 6 月 6 日。

〔註 17〕《中國時報》「時報廣場」A2 倫敦傳真文，民 99 年 6 月 6 日。

〔註 18〕釋惠空演講、演律整理〈僧伽生涯規劃〉，《慈明》第 4 期（台中：萬佛山，民 88 年 1 月），頁 36～40。對於佛教的問題，參見釋慈昕〈雪泥鴻爪──記全國寺務行政研習會〉，《慈明》第 2 期（台中：萬佛山，民 87 年 6 月），頁 30～32。

〔註 19〕釋慈昕〈雪泥鴻爪──記全國寺務行政研習會〉，《慈明》第 2 期，頁 32。

「必須了解世間的危機與問題的癥結在甚麼地方」；僧尼是「來解決人類內在心性問題的工作者，這就是他們的價值所在，所以被稱為三寶。」〔註20〕

（三）社會問題

社會問題中，有的是政府的政策造成的，有的是宗教界自己內部的管理問題。如是宗教內部的問題，各宗教要有自清自律的運動，如若是家庭事件，則不能與宗教事件混為一談。宗教界對於媒體不實的報導，要做適當的澄清，以免被視為默認了，對宗教產生不良的觀感。〔註21〕宗教團體本身，應傾心致力於宗教教化功能之提昇，多培養優質的宗教專業人才，勤於關懷社會。除了宗教界之外，還需要更覺省的人民來投入、熱心於各項公益活動。

現實的台灣，因應著國際潮流以及為了進步的生活素質，現代化與全球化的腳步加快了。信佛者，對於傳統文化的一些理念如崇尚道德、發展自我及提昇心靈等，是耳熟能詳的，且倍感親切。儒家的思想與宗教的思想，緊密的結合在一塊，成為公民教育的一個環結，當是可喜的現象。筆者教書多年，深覺上述的書籍與文章甚好，但有些人或不以為然，或許台灣自從經濟奇蹟以來，物質生活豐厚了許多，大人們忙於營生，雖不吝於讓孩子們接受學校教育之外的各式各樣的新知與時尚，卻忽略了家庭教育的重要性。家庭教育的忽視，加上社會部份風氣的惡質化，青少年的怠惰并愛慕虛華，使得青少年的犯罪率大幅上揚，有心人士莫不憂心忡忡整個社會文化的發展。面對這個問題，《周易》繫辭下傳有一段話很值得我們去回味，云：「子曰：『小人不恥不仁，不畏不義，不見利不勸，不威不懲。小懲而大戒，此小人之福也。』《易》曰：『履校滅趾，無咎，此之謂也。善不積不足以成名，惡不積不足以滅身。小人以小善為無益而弗為也，以小惡為無傷而弗去也，故惡積而不可掩，罪大而不可解。』《易》曰：『何校滅耳，凶。』子曰：『危者，安其位者也；亡者，保其存者也；亂者，有其治者也。是故君子安而不忘危，存而不忘亡，治而不忘亂。是以身安而國家可保也。』《易》曰：『其亡其亡，繫于苞桑。』子曰：『德薄而位尊，知小而謀大，力小而任重，群不及矣！』《易》曰：『鼎折足，覆公餗。其形渥，凶言不勝其任也。』子曰：『知幾其神乎？君

〔註20〕釋普獻〈肯定與超越〉，《慈明》第4期（台中：萬佛山，民88年1月），頁32。

〔註21〕釋蓮海〈護國也要護教〉，《護僧》第14期，頁38。

子上交不瀆，其知幾乎！幾者，動之微，吉之先見者也。君子見幾而作，不俟終日。」《易》曰：『介于石，不終日，貞吉。介如石焉，寧用終日？亂可識矣！君子知微知彰，知柔知剛，萬夫之望』。」為因應世道人心，儒者除強調忠恕與誠意之外，也常引用尚書的幾句話：「人心惟危，道心惟微。惟精准一，允執厥中。」為修身以至於平天下之本。後之學人深切了解到人類幾微之性的殊勝，怕人誤入歧途，故一再提示自淨其意、用心於人、用心於道、凝神養氣，以契合自然而不乖人倫日用。把儒釋道三家精義，結合在一塊來思維，在當今的社會處處得見。以好儒學的人為例，薛仁明在〈風乎舞雩——孔子與詩〉文中說：「不僅西湖，不僅杭州，其實整個中國文明，都有著蘇東坡的風景。儒者志於天下，就該學學東坡，讓這悠悠人世，有感，有興，有風光。」〔註22〕然要解開人類心靈的大死結，或說有賴「宗教與哲學的大覺悟。」而人主要關心的還是人，而不是宇宙，人只有理解了自己才能理解宇宙，所以要求最高的目標前首先是認識你自己，「未經審視的生活是不值得過的。」〔註23〕人主要關心的還是人的問題，這也產生了社會文化的多元性，有些被高級知識份子認為是常識的東西，卻被某些宗教界或民間信仰所排斥，因為一切事物在他們的心目中，有其自然本真，而非其他事物。〔註24〕出世與入世，本不該是兩端事。

然近百年來的知識分子所面臨的，不僅是傳統文化中的課題，諸如道與器、尊德性與道問學、博與約、考據與義理、道統與王統之間的問題，他們更面臨到中西文化的激盪，以及傳統與現代的融合的問題，但由於深受形式主義思想等問題的影響，得不到妥善的解決，且現代化、民主化、國際化的聲浪直在逼進。當前台灣各界人士對宗教的期許，日益高漲，希望藉助善良的宗教，做個高品質的現代人。謝瀛華醫師在〈做個高品質的現代人〉一文中說：「面對競爭壓力日增，婚姻關係惡化，社會治安受考驗的今天，人際關係愈來愈複雜，生存環境愈來愈紛亂，（中略）人們敵意漸深，人際關係緊張，社會上暴戾之氣熾烈，生活總令人提心吊膽。（中略）因此，追求「高品質的生活」是當務之急，是當前金錢遊戲之後國人應努力的目標。它必須大

〔註22〕《中國時報》「人間副刊」E4，民99年5月10日。

〔註23〕莊懷義等《展望二十一世紀》「第一章第二節宗教與哲學的新探討」（國立空中大學，民86年6月），頁47。

〔註24〕克利弗德‧紀爾茲著、楊德睿譯《地方知識——詮釋人類學論文集》（台北：麥田出版社，2002年8月），頁115。

家共同來創造、建立。除個人之外，群體的力量更是追求「高品質生活」的原動力，藉助善良的宗教。多舉辦有益身心的活功，全面性的提昇國人的生活水準，導正社會不良風氣，才能使人人都能神采奕奔、活力充沛，真正做個高品質的現代人。〔註25〕有人還要借助宗教的力量以成事而說：「有佛法就有辦法！」或說：「若能受用佛法，才能解決事情；若能依止佛法。才能自在生活。」〔註26〕哲學家卻說：「宗教若不能洗滌人類的心靈，指點人類的迷津，則不過是功利的說教而已。」〔註27〕至於儒者又當如何呢？內聖外王如何伸展，不僅是儒家的思維，也該是諸宗教的共同關懷，是人間宗教的一種呈現。

（四）宗教力量

藉助宗教道德的力量，來提昇國人的生活品質，已是各界人士的共識〔註28〕，而不僅是「配合國家的政策」〔註29〕。當此之時，佛教的處境如何呢？要從歷史上去觀察。佛教近百年來面臨到猛烈的衝擊，極想力圖振興，黃運喜先生在〈中國近代佛教史研究題目發掘與試擬〉一文中說：「因鴉片戰爭開啟帝國主義侵略中國的大門，而中國北方佛教先毀於白蓮、天理等教匪之亂，南方佛教復受太平，天國之厄，其生機幾已斷絕，此時因帝國主義入

〔註25〕自立晚報，民88年5月1日。

〔註26〕自釋星雲《佛光菜根譚》第149期，頁41。

〔註27〕莊懷義，前引書，頁48。

〔註28〕法忠〈台北佛教界擴大慶祝佛誕節浴佛祈福大會〉，《中佛青》，頁9云：「悟明長老則致詞表示，佛教傳入中國兩千年來，其影響所及，使得五戒十善與傳統儒家五常的人倫觀念緊密結合，對於社會人心的安定淨化起了相當的作用。也因著佛法與傳統價值觀的相互融攝，使我們國家能夠風調雨順、國泰民安。」（中華民國佛教青年會，民88年4月）

〔註29〕《白公上人光壽錄》「民國41年本年大事——僧伽」，頁275云：「甘珠瓦爾呼圖克圖、慈航、律航三師應副總統陳誠上將之邀，於官邸會談。陳氏謂：『台灣民眾最大多數都是佛教徒，佛教的真諦不能與共產主義相容。希望用諸位高僧大德的影響力向民眾解說，為了佛法的宏揚，必須反共，大力支持政府。』三師乃於秋季徧歷全省各縣市，宏揚佛法，慰問信徒，宣揚政府宗教政策，鼓勵衛國衛教宏願。」（祝賀白聖八秩嵩壽慶禮會印贈，民72年）從政府播邊以來，宗教界一直在配合政府的政策，如《白公上人光壽錄》「民國71年」，頁893云：「9月13日，蔣總統召見，偺了中、星雲兩師及道教會張培成、賴俊明等10人赴總統府晉謁。席間總統指示：宗教信仰不止可以消極的解除心靈的空虛和免陷入罪怨邪惡。並可積極激發人們樂觀進取，向善的動力。希望各宗教領袖善導信徒們倡行更勤奮、更檢樸的生活，培養守法守紀的習慣，共同發揮改善社會風氣的功能。」

侵帶來的宗教條款之後遺症，致佛教飽受內憂外患，若非教內緇素四眾苦心
孤詣，保存佛教元氣，則中國有可能淪為新大陸本土宗教淪喪之覆轍。（中
略）民國元年至 38 年之佛教，在本質上有許多繼承晚清者，若僧教育在清末
有楊文會之「祇洹精舍」創建，其所培養之門人太虛大師、歐陽漸等人，則在
民國初年大放異彩。晚清「廟產興學」造成一股風潮，到民國十九年邰爽秋
等人又舊調重提。民初復興各宗派之祖師大德，其養成敬育及修持基礎均來
自晚清，（中略）部份開明僧侶亦思辦僧學堂，以發展僧伽教育對抗政府的廟
產興學，中國佛教走向近代化的途徑，與清末民初各地僧學堂（佛學院）之
創建有密切的關係。此外，部份有心之士，見佛寺因辦學堂，或改做工廠，或
為兵營盤踞，極少能繼往日之興盛，遂自覺的起而維護；或改造其組織，成
立講經會、居士林、研究會；或加強其儀式，或闡揚其義理，發行雜誌刊物
（如佛學叢報、佛教月刊）；或籌組印經會，傳印其經典並流通文物，使民國
初年佛教義學之研究勃興。〔註 30〕佛教在中國社會的發展，每每碰到政治問
題或儒家思想為前提的社會文化，總是採取退讓的立場，或者是教內再思對
策以求挽救的思想模式。有些歷史問題，依然在台灣上演，如中台禪寺剃度
事件。黃光國教授說：「佛教由漢代傳入到魏晉南北朝，這種動盪的時候，發
展得特別快，而歷史上的統治者與宗教也經常的對立的；一般民間親情與出
家的衝突，其實是傳統文化價值上的衝突。而每次發生這種衝突時，往往讓
步妥協的是佛家，因為儒家與統治者關係密切，較佔優勢。」中台禪寺事件
的成因，被認為是「忘了對歷史教訓的了解」、「忘了規則。」〔註 31〕這是社
會問題，也是宗教發展上的難題與局限性，佛教中國化現象是值得再加以思
考的問題。

　　自從民國 38 年大陸淪陷於共產政權之後，海峽兩岸佛教分歧之處愈來
愈多。共產黨人堅持以辯證唯物論來解析世界的一切現象，他們認定宗教麻
醉了無產階級的鬥志，乃欲藉對宗教的批判來改造社會。中共認為，宗教問
題，一方面是人民群眾的信仰問題，即思想問題；另一方面在階級社會裡，
又是階級鬥爭的工具，即政治問題。因此，必須在宗教界進行反帝國運動和

〔註 30〕《獅子吼月刊》第 30 卷第 10～12 期。
〔註 31〕張春華〈以出世西情入世、宗教問題攤開談〉，《中國時報》「社會脈動」，民
　　　　 85 年 9 月 16 日。冉雲華〈中國佛教對孝道的受容及後果〉，《從傳統到現
　　　　 代》，頁 107。

社會主義教育運動，以畫清敵我界限和限本改造其政治立場。意識形態的分歧（有神與無神），則是可以立異與存異；宗教信仰自由政策，就是為了立異與存異，目的就是便於正確處理這一人民內部矛盾的問題。然中共所謂的信仰自由，有一先決條件，即是不能違反共產主義的唯物辯證法和共黨的利益」1982 年中共統戰部發佈七項禁令：一、禁止開設設私立寺院教會。二、未經允許不得舉辦皈依、施洗等人教儀式。三、禁止購買印刷佛經、聖經及書刊會報。四、禁止與外國寺院教會聯絡或購買書籍文物。五、禁止在生產隊及人民公社內傳教。六、除星期日外不得禮拜。七、禁止向未滿十八歲青少年傳布宗教思想。此政策推行之下，佛教變成統戰的工具，寺廟成為觀光勝地。佛教的精神，隨之淪喪殆盡。大陸中國佛教生態的特質，以巨贊於 1950 年寫的〈一年來工作的自白〉文中所說的原則最具代表性：「全國佛教同人們！我們認清楚了前途，用合理的辦法和僅求諸己的態度，處理一切有關佛教的問題，自然頭頭是道，困難冰消，否則片面的訴苦，無理的叫囂，非惟於事無補，恐怕反要增加困難。所以合理的原則有二：一、是不違背政府的政策，二、不違反佛教立場。」〔註32〕佛教在中國的威權統治之下，佛道教徒僅能例行佛事，佛道寺院宮廟成了名符其實的觀光寺廟，台灣信眾到大陸修廟建寺，還是不能當任住持，僅是一名清眾，不能隨性傳教，大陸當局對於宗教活動的管制可說是極其嚴密的，其對宗教管制的一些實際措施絕非台灣一般信眾所能體會的。海峽兩岸的宗教交流，不能僅落在台灣人一廂情願的地步。

反觀台灣的佛教，自從政府播遷來台之後，在威權的政治體制之下，高僧大德仍延續著傳統的步伐邁進，轉化日據時代留傳的齋教信仰使趨正信，并隨著傳戒、講經說法、唸佛會的風行，以及佛學院的設立、研究義學的居士及團體急速的增加，頓使佛教研究成為當代顯學。目前，佛光山、慈濟功德會、法鼓山、靈鷲山、中台禪寺、佛教會等籌辦的文化事業，正如火如荼的開展，但以我執我見且是山頭林立、鬆散的僧伽組織，加上破脆枯萎的子孫廟經濟型態，是否能面對急劇變動的世局，擔荷起如來普渡的宏願，教界確實須要有一番前瞻性的願行。就此，明復法師與聖嚴法師著作中，也在探索這個問題。

〔註32〕黃夏年主編《巨贊集》（北京：中國社會科學，民 84 年 12 月），頁 480～481。

二、眾生的執迷滯障及其應治

自民國成立至今，國家的發展整體的變化，都足以讓人難以適應。時代在變，社會文化的結構也跟著快速變化，我們可以由社會的亂象、價值觀的混亂、生態的破壞、民主素養的欠缺，看出一些端倪。社會有其本身就存在的些問題，這是治國者要思考與改善的，至於宗教與附佛外道所產生的一連串的社會問題，究其根由，是導源於社會的倫理道德淪喪，人類的貪婪及與生俱來的自私自利心之驅使，以致於人們價值觀偏差所造成的。為了匡正當前的社會亂象，宗教界一向呼籲政府對於各級學校的教育要把宗教列入必修的課程，以免人民對於宗教認識不足，步入邪信、迷信的歧途。〔註33〕其實和諧社會的締造，主要是取決於全民自覺的力量。而佛教淨化社會力量的強弱，要看佛教的生態而定，然一套不合時宜的寺廟管理條例與不當的行政命令跟空白似的宗教教育，猶如還處於戒嚴時期。不當的法規，對宗教的發展縛手縛腳，更別談政府與宗教間如何來相輔相成。〔註34〕究實而言，國民雖有應盡之責任，但宗教人士的作為，不是只為政府而作，而更是基於宗教情操而關懷國家與社會，所以會主動從事濟化活動。

（一）認識自己

台灣 40 年來經濟的快速成長，國人經歷享受著前所罕見的物質生活。就傳統思想而言，衣食足當知榮辱，飲水思源共同為全民福祉奮進，方為正途。然呈現在國人眼前的，卻是彌漫著追逐權位、名利，罔顧傳統文化與歷史經驗的速食文化與行事。眾生已積累了深層的枝末無明，實有必要做一番澈底及整體的反省。〔註35〕當前社會上，不乏有識之士，報章雜誌常登載民眾對社會現象的感言，學者專家們也憚思竭誠地提出改革方針。雨潔在〈以溫情與敬意對待歷史——由發現台灣說起〉一文中云：「沒有歷史的深厚基礎，沒有後來者對先行者功過的客觀認可與虛心檢討，現代化的努力只是空中樓閣。」〔註36〕而這個空中樓閣在過去曾經被貼上「經濟奇蹟」的標

〔註33〕釋見聞〈家庭事件與宗教事件勿混為一談——從平溪女童命案談起〉，《慈明》第 4 期，頁 10～11。

〔註34〕政府與宗教問題，參見釋蓮海〈護國也要護教〉，《護僧》第 14 期（中華佛教護僧協會，民 88 年 1 月），頁 35～39。

〔註35〕釋南亭〈佛教宣傳品應該簡化的建議〉，《南亭和尚全集》（華嚴蓮社，民 79 年 9 月），頁 365～368。

〔註36〕雨潔〈以溫情與敬意對待歷史——由發現台灣說起〉，《自立晚報》第 5 版，

幟，向全世界誇耀，不必等到時報周刊把這個招牌改為「貪婪之島」，所有生活在其間的人都已經感覺到台灣社會正急劇的惡質化。但是在急於怪罪他人的時候，不是每一個人都願意讓心靜下來，認識沉澱在自己裡面的過去，了解三百年的歷程為什麼不能達成現代化的真正境界。「蘇格拉底在雅典最混亂的時候仰望神諭：『認識你自己』。霍布斯在英國內戰方殷之際要同胞『讀讀你自己』。讀自己歷史的心愈誠懇，也許愈能擺脫理論的糾結，擺脫抽象的、簡單的、意識型態的解釋方式，而愈能找到自身的真實處境。對現代化作理論上的攻擊太容易了，但是當個人面對生活的真實問題時，卻常常毫不遲疑的投現代化一票，要求更便捷、更舒適，更高品質的生活。不反省自己，無從了解自己在言說與行為上的差距；不反省歷史，無從體會中國人數世紀以來在精神上、國際關係甚至最基本的生活之中，所面臨的歷史困境。」〔註37〕反思佛教界，南亭法師在〈一個好現象一個新希望〉文中說：「我嘗有一個幻想：目前的佛教缺少貢獻社會的公益事業，尤其缺乏真實修行的僧、尼（中略）。宗教的基礎，建築在群眾身上，佛教自亦不能例外。」〔註38〕

　　從認識自己，從大環境中及時代的洪流裡去體會問題的癥結，從而謀求因應之道，確實是好的方法。登琨豔先生在〈讓文化從做作開始〉一文中則云：「過度追求經濟的中華民國台灣，在國際一片暴發戶的嘲笑聲，猛然發現自己的低俗，沒有可以亮相示人的精緻文化和生活方式，除了悲嘆之外，我們似乎已經有著一種手腳發麻的無力感，不曉得應該如何來建立起可驕傲的文化自尊了。（中略）以目前已經有許多有識有志人士都在自覺自省自己的土地是個低文化的地方的時代，我們希望不要病急亂投醫，文代要精緻的方法，除了工出細活之外，別無他法。只要大家全民能有共識，一切慢慢來尚有可為的，不是常言百年大計嗎？我個人主張從教育、從宗教、從生活習俗的調整開始。」〔註39〕活得有尊嚴，已是世人普遍的心聲，但要從文化教育著手。改善台灣的司法、警律，也要從倫理道德做起，佛教也是一樣要從根本下手，「有貢獻社會的教育、文化、慈善事業，纔能增加佛教存在的價值；有真實

　　　　　民81年2月16日。
〔註37〕《自立晚報》第5版，民81年2月16日。
〔註38〕釋南亭〈佛教宣傳品應該簡化的建議〉，《南亭和尚全集》（華嚴蓮社，民79
　　　　　年9月），頁333。
〔註39〕《自立晚報》「本土副刊」，民81年1月3日。

修持的僧、尼，纔能感動群眾來信仰和擁護。」〔註 40〕

（二）台灣文化

臺灣某些文化，有其高尚、美好的層面，也有其低俗令人不忍面睹的場面。台灣人以往的粗俗面樣，不僅是我們國人覺得低俗，連國人與外國人一談起藝術議題，老外的第一個反應是：台北市先把滿街的垃圾清一清，再來論藝，這豈不羞死。但近年來，台灣垃圾的處理與綠化建設，已是大有成效，地方的文史工作與藝術活動，也辦得有聲有色，佛教的藝文活動與禪藝活動也很常見。而山林的維護與河川的整治，則是當前台灣亟須改善的問題，不僅為了居住的安全與生活環境的美好，連陸客來台已經喜歡上用單車閒逛，觀賞各地的風光。

此外，談到國家未來的主人翁，也是問題重重，如生產率逐年降低，影響到企業的生產、國人的消費以及教育資源與運用〔註 41〕，還有整體國力與競爭力問題都會產生所謂的蝴蝶效應，說不定也會影響到宗教界，如僧尼人數與信徒的捐獻。根據統計，台北市 80 年 1 月到 9 月的青少年犯罪比例，較79 年同期成長了百分之 30.46，而犯案類別中，以違反麻醉藥品管理條例者成長最多，為百分之一千五百一十八點五二。其它成長比例較高的犯罪，尚有賭博、恐嚇、及一般竊盜行為。台北市少年輔導委員會於 81 年 1 月 4 日公布青少年犯案狀況調查，並邀集相關單位及該會委員，討論青少年犯罪的趨勢及輔導方式。台北市教育局長坦誠，青少年犯罪增加，國中教育出問題實應負很大責任；要根本解決青少年犯罪，必須先改革國中教育。

現今國中老師過於重視升學，忽略藝能科教育，在在使得青少年的發展得不到輔導，潛能無法發揮。因此，從那時起教育局將改變評量方式，促使國中教育正常化。對於青少年生活品質的惡化，多位學者認為，學校對犯錯少年予以記過開除了事，不能幫助青少年改變行為，學校導師應多與家長保持聯繫，了解學生校外行為；而家長更不能以將孩子交付給學校老師管教的心態，忽略了家庭教育。少輔會認為，要根絕青少年犯罪，必須深入了解犯案少年居住地與犯案地這些地區性的問題。孟母三遷其居，其苦心孤詣，後

〔註 40〕釋南亭〈佛教宣傳品應該簡化的建議〉，《南亭和尚全集》（華嚴蓮社，民 79年 9 月），頁 333。

〔註 41〕殷偵維〈學校特色多樣化要符合孩子需要〉，《中國晚報》「北部都會」C2，民99 年 5 月 10 日。

人莫不贊揚而予以奉行。如今的社會高房價以及治安的敗壞問題,可能會影響到縣市長的選情,也影響到老百姓的日常生活如小孩上學要接送問題。社會現象與與潮流會影響到青少年人的心行,總是讓大人擔心不已。現代的學生喜歡新穎、愛好搞怪,陳至中在〈台大人當 Show girl 李嗣涔嘆可惜〉文中說:「對於學生的搞怪舉動,李嗣涔忙著頒畢業證書,無暇顧及台下。但他也說,年輕人就是有創意,沒什麼大不了,像他那個時代,一堆人留長頭髮、穿喇叭褲,走路懶懶散散的,家長都擔心的要命,現在看來也沒什麼問題,『這就是年輕一代啊!』」〔註42〕

　　我國五千年博大精深的文化能夠深入民間,我國的倫理哲學與民族精神,能根深柢固的深植於每一個匹夫匹婦的精神之中,而且能世代相繼的發揚光大的原因,一方面是由於我國的家庭制度,一方面也是由於在尊師重道的精神下薪火相傳使然;所以我國數千年來,都是以教學為建國的先決條件。〔註43〕先總統說:「就國民而論,職業雖萬殊,而基本修養都要一律。如果基本修養不差,或大或小都能於社會國家有貢獻的。」(蔣公遺訓革命教育的基礎)要修養不差,當從人格養成著手。台北市立婦綜合醫學院院長在〈好江山不值得好後進〉文中,以親身體受說出了一番見解:「從小時後就不時聽家母講這句話。(中略)當時童心所體會的只是『不要把祖先留下來的家產因子孫懶惰、好玩、好賭而把它花掉』(中略)終戰後進入台大始慢慢地理解到母親所說的『江山』並非只指看到的財富,而更是包括無形的人格修養、尊嚴和榮譽,更深深覺悟到要靠自己奮發、打拼建立屬於自己的江山。(中略)台灣由於百姓勤勞節儉而建立的江山,在這二十多年來更有奇蹟性的經濟發展,使得我們的子女生活充實,吃、喝、玩、樂不愁,天天快樂,只追求個人享受、個人利益,似乎早已忘掉或根本不具有做人的倫理道德觀或社會責任。因為在台灣五十歲以下的人從小在學校裡從未接受過做人的修身課程;只天天念『反攻大陸』,唱『反共抗俄』歌曲。又加上聯考制度壓力,不知不覺中養成了個人主義、利己主義,演變到今天成為不認親、不尊師、不負責、不倫不類的社會形態,(中略)美麗的台灣江山,正面滅廢危機。」〔註44〕人格養成的高尚與否,實與宗教信仰或人生哲學的容受程度,有密不可分的關係。

〔註42〕《中國時報》「焦點新聞」A2,民 99 年 6 月 6 日。
〔註43〕參見甘克誠編著《社會科學概論——倫理與道德》。
〔註44〕《自立晚報》「本土副刊」,民 81 年 1 月 4 日。

先總統蔣公在民生主義育樂篇補述中，對此論題有深刻的見解：「在社會變動之中，風俗習慣都有變異，個人的行為準則，人生的觀念，也都在動搖轉變。人之所以異於禽獸者，在其有精神生活。精神得不到安定，社會也就不能保持其安定的秩序和良好的風氣。現代的心理學家也嘗試以科學方法來治療人類的精神病。如果是神經系統有了病，在醫學上並不是沒有治療的方法，但是要使一個人收拾其破碎的心理，養成其完整的人格，科學還是無能為力的，惟有宗教信仰和人生哲學的基本思想，才是人格的內在安定力。一個人沒有信仰，就失去了人生的歸宿；一個社會沒有宗教，就失去了精神的安定力。」信仰是不同於現實生活，不同於理性科學，但信仰真的也可產生心性平和的力量。現在的宗教廟宇也配合政府，推展心靈美化工作，除了宣揚宗教有益於社會與人心之外，推展生活美學，並融入禪茶藝術，以增添生活情緒，推行善良風俗並改善人心。

（三）社會衝突

　　宗教與世俗的衝突、科學與宗教間的相容與歧異處，古來就爭執不休。有病痛看醫生是現代人的常識，但產生理性的思維與行徑，當依據科學抑或宗教教法，對知識界是項難題，更遑論精神病患。目前政府積極展開各項社會福利與救濟活動，諸如幼兒養育、老年安養、殘障與精神病患的收容療養，當中最困擾政府的是精神病。精神病除了遺傳因素外，一般人視其為是適應不良的「自閉症」，佛教則認為是業障病，當探求其「別業」與「共業」，對症下藥，但首重淨心消怨並以功德自一切有情眾生，也就是說自覺與價值觀的轉化，乃能因應累生累劫的因果業報。龍發堂的案例，對現代化的醫療單位起了大考驗，因雙方皆強調「基於人道待遇」，而患者家屬對雙方的說辭則心存疑慮。根據記者黃佳境於高雄縣報導：「龍發堂曾與這些家屬言明，如果病患帶離，永遠不再接納。目前龍發堂收容的精神病患有近六百人，但衛生單位只能查出二百多人，透過訪視曉得病患家屬對現代醫療未能全盤了解，雖不忍心寄放龍發堂讓他們自生自滅，但也無可奈何！何況，他們對精神衛生法，以及醫院是長期免費治療，或者返家又復發時，醫院的接納認定，都未能充分溝通，致使病患家屬舉棋不定。（中略）慈惠精神專科醫院文榮光院長認為，既然病患家屬對現代醫療仍有疑慮，最好的辦法還是讓龍發堂合法化，改為療養院或收容所，並由衛生單位出面協助病患家屬成立「自治聯誼會」，大家面對面解決問題。龍發堂病患家屬代表對衛生署戴傳文科長一再指

出，龍發堂拒絕政府方面的協助與輔導，針對精神病患醫療，以及傳染病的治療，經常不得其門而入，因為龍發堂本身也有他們的一套說詞，希望大家有機會共聚一堂交換意見。」〔註45〕目前的台灣，宗教師、命理師、地理師、民俗療法，都還不具有合法的醫療執照，所以神壇、宮廟、佛寺與其他教會神職人員的醫療行為，是違反法律的規範。

當前台灣研究這些現象問題與糾紛的學者，有鄭志明教授與李崇信君等。〔註46〕宗教的醫療行為與斂財糾紛，確實是當前社會的兩大問題，而此兩大問題糾在一塊，又與宗教捐獻問題掛在一起談論，問題就更難解開了。然如慈濟功德會設立合法醫院，說是濟化病患，當然無人會認為是有問題的。十多年前政府頒發第八屆「金駝獎」志願服務楷模，得此殊榮之一的郭豫珊女上，現年70多歲了，20多年前得家人支持，到中華民國醫療諮詢服務協會當義工，每天工作10幾個鐘頭，10年義工歷程，其感想是；「人生以服務為目的，越忙，越健康、越快樂！」許書婷在〈服務助人不嫌累、自娛娛人樂一生〉一文中寫道：「郭豫珊回憶起當初在協會時光，除了幫忙處理雜務，接電話之外，還常隨著醫師組成的義診隊，到台東、花蓮、蘇澳等地，上山下海地勘察環境，為缺乏醫療的偏遠地區佈置出一個小小的診療所。不拿薪水，有時速要自貼車馬費，但她還是樂在其中。除了醫療外，郭豫珊在女青年會的青藤俱樂部，一邊在媽媽教室上課學習，一邊也在愛心服務隊中，義務教授，從烹飪、手工、法律，到營養，無所不教。曾任數學老師的郭豫珊，為教學相長，學習是一輩子的事，至今仍有每天閱讀新書的習慣。郭豫珊每天早上8點就要到台安醫院，工作到5點才下班。台安的70位義工，全由她來負責督導、調度。從掛號處到化驗室，到各校門診，都可看到義工服務的身影。（中略）為了將原來散漫的義工群結合起來，郭豫珊以帶頭示範的方式，鼓勵別人跟他一樣投入。她認為她的領導訣在於高度的親和力，把每個義工都當成自己的家人、朋友一樣關心，義工自然越來越團結，興緻越高，也越願意對別人付出開心了。（中略）10餘年的工作，沒有拿任何薪水，甚至將車馬

〔註45〕《自立晚報》「本土副刊」，民81年1月5日。

〔註46〕鄭志明《宗教與民俗醫療》，台北：大元書局出版，2004年。李崇信〈宗教醫療之法律問題研究──以醫事法的規範為主〉，大元書局《宗教與民俗醫療學報》，民94年6月，頁67～114。其在，頁113云：「若不能釐清現代醫療與宗教間的互補功能，而一味的耽溺、執著於神秘儀式的操作，對民眾健康則是絕對是有害無益的。

費捐出作義工基金。郭豫珊覺得她並不希望任何回報，但服務對象給她的無形精神回饋，卻超出她的想像，而是別處無法得到的。晚上擔任醫院戒煙班的義工老師，看到調皮搗蛋的學生一一改變，是她永難忘懷的回憶。而癌症病人在她的鼓勵之下也忘掉病痛地開始關懷別人，更讓她感到生命的光揮與韌性。」〔註47〕這種把教會博愛、慈悲的理念，以實在的作為展現在社會濟化活動中，收潛移默化之功而不亟於傳教，豈不高明，由此可見人的價值觀與人生取向的影響力，而兩者實賴宗教來長養。因此，南亭法師提「究濟窮童入佛門之法」〔註48〕，星雲法師主張用「隨喜」來長養庶民的善心，淨空法師則提倡用「弟子規」〔註49〕。

在社會上，我們可輕易看到人的理性面中蘊涵著無知的成份，怠惰軟弱的習性中展現出恍若剛強的執著。林美娜在〈利他哲學裡蘊藏人性溫暖的陽光·終身義工孫越談生命轉變的心路歷程〉一文中說：「我想人都會有良知，都會想：我不要犯錯。我相信一個孩子當你犯錯的時候，爸爸媽媽老師發現了問：你下次還要不要？他真的說了下次不要再犯錯了，但當同學跟他兩人一想：現在沒事了，功課的壓力這麼大。算了吧。我們還是打電動玩具去吧！我們發現人的軟弱勝過一切，這種軟弱不能怪罪說誰引誘你，誰帶你怎麼樣，而是出自於我們自己心裡頭的慾望。」〔註50〕一切業因業果，不能推給別人或環境，但面對凡夫此一念無明，明復法師慈悲地對我說：「可依他起性。」他常如是開示來親近者，此或如達賴喇嘛出書說的，「轉個心念吧！」聖嚴法師說：「佛教的真理是在一個覺字。」轉念與覺醒術語，對現代人來說已經變得耳熟能詳，且許多人也能朗朗上口。

人的慾望其名目很多，形形色色，最容易感受到的除了感情、名利之外，就是人生的取向與威權的作風。報上曾登載一則消息，文化大學哲學系畢業生黃靜靖，自從畢業後失蹤，家長輾轉查訪，發現她已透過學校老師曉雲法師介紹遁入空門，並由南投竹山毘尼精舍主持修淨法師剃度。黃女家屬到毘尼精舍及陽明山永明寺找尋不遇，心力交脆之餘，懷疑黃女的出家是受兩師

〔註47〕《中國時報》第19版，民81年1月5日。

〔註48〕釋南亭〈如何引導青少年出家〉，《南亭和尚全集》，頁 372～376。道安法師以及明復法也談到中年出家眾以及年青佛子的教育問題，因為這是教界不論是出家或是在家佛教徒的嚴肅問題。

〔註49〕《佛學問答》第167集。

〔註50〕《自立晚報》第15版，民81年1月27日。

的誘惑，產生了無明之火，一狀告到士林分局，指控兩師妨礙家庭，全案由警方偵辦中。〔註51〕這類出家剃度問題在社會上，屢見不鮮。常見佛寺僧尼勸人出家，而且希望信眾早出家為妙，如聖嚴法師〔註52〕或鼓勵人出家好如惟覺〔註53〕，還有強調中年出家人的重要性，如道安法師與明復法師〔註54〕。信眾出家對佛教界來說，是件可喜可賀的大事因緣，解脫道上增一人，人間道上少爭端，在濟化活動上也多一生力軍。古來教團為了避免與儒家所遵循的宗法制度中的孝道起摩擦，對於信眾出家與受戒的資格與行事相當考究，諸如殘障疾病者、俗事未了者、有親待養者、動機不正者，皆難逃三綱執事與傳戒和尚的法眼，父母在世者仍須要徵詢雙親同意，避免因禮法而起了事端，甚至興起謗毀佛法的不良後果，徒增社會成本與負擔。

現代的社會，依據人類有史以來所發生的現象與心理作用，配合著國家社會發展的趨勢，強調身為民主時代的子民當有正確的人生觀，然要確立人生的目標則在「起心助念」上著手。在甘克誠編著《社會科學概論——倫理與道德》一書中云：「選擇生命中一個『明確的主要目標』，有著心理上及經濟上的兩個理由：一個人的行為，總是與意志中的最主要思想互相配合，這已是大家公認的一項心理學原則。特意深植在腦海中並維持不變的任何明確的主要目標，在下定決心要將它予以實現之際，這個目標將滲透到整個潛意識，並自動地影響到身體的外在行動來達成。只要我們肯定，所追求目標，將帶來永久的幸福，就用不著害怕這種『自我暗示』的方法。但一定要先弄清楚，我們的明確的目標是建設性的，它的獲得，不會替任何人帶來痛苦與悲哀，它將替我們帶來安詳與成功。大多數人幾乎都是在沒有明確目標或明確計畫的情況下，受完了教育，找一個工作，或開始從事某一行業。現代科學已能提供相當正確的方法，來分析人們的個性，決定個人適合的事業。如果成就決定於能力，如果能力就是『各種努力的組合』，如果組合的第一步就

〔註51〕《中國時報》第7版，民81年2月11日。

〔註52〕2003年4月1日《法鼓雜誌》，〈隋唐第一流人才在佛門、二十一世紀也是〉文云：「年過35，就已過了青年階段的黃金時代，若非體力、心力、毅力過人，得大成就的便少了，所以我鼓勵優秀的青年，把握因緣，出家越早越好。」

〔註53〕民85年10月3日《自由時報》，〈天外懷高僧——寄語惟覺法師〉文中說：「大家都猜測，您在傳法時，究竟說了什麼？是不是以一面倒的方式，宣揚出家的好處？還是好壞都說，以滿足新眾知的權利？」

〔註54〕參見《明復法師佛學文叢》第一冊，〈道老談佛教教育〉，頁95～96。

是一項明確的目標，那麼，我們很容易就可看出，為什麼目標是不可或缺的了。在一個人選好生活的一項明確目標之前，他會把他的精力與思想，浪費及分散在很多項目上，這不但使他無法獲得任何能力，反而使他變得優柔寡斷及懦弱。」這恰似佛教的「信、願、行」與「正因正果」思想，當中意志力——專注而信入，以及標的物——發菩提心以達佛地，對初學者來說是蠻重要的。

（四）愛心療傷

　　南亭法師在民國 59 年已經提出佛教對社會當付出如社會上家長對孩子的關懷，用慈悲心來濟化窮苦的青少年人。〔註55〕現在世界上越來有越多的人體會到：用「愛」真的可以療傷。也越來越多的人提倡民主人權、寬容與關懷，關心人類福祉的人們，對社會活動的方式與訴求，就越有基準。對於李振道博士選拔到美國是荷華大學的大陸留學生盧剛，剛獲得物理學博士，美景在望，然卻成為殺人凶手，舉世震驚。孫越在〈利他哲學裡蘊藏人性溫暖的陽光〉文中說：「我想，這正是有人所說的你有自由嘛，真的你有自由嘛？你真的有不抽煙的自由嘛，你真的有行動的自由嘛，你真的有所做的任何事情不受到物慾的攪擾的自由嘛，為什麼一個從小就期望著往上爬，往上爬的人，到了盡頭的時候，好像一個人爬上山的最高峰，到了那上頭竟然看到了底下是懸崖峭壁，下來了，沒有了，斷了，路，沒有了，看不見了。這就會讓我想到：生命的源頭在那裡？在那個小城裡頭發生了這麼一個慘絕人寰的凶殺案，我們看看這些人的家屬，整個的城會怎麼樣？當時很多的中國人、中國留學生開始恐懼。我們發現被殺的副校長的兄弟姐妹都能夠寫信到中國大陸去安慰凶手的父母，一些家庭開放聚會，電視上告訴大家在這個時候你不要恐懼，如果心理上有什麼障礙請你打電話到那裡接受諮商輔導。我們發現以牙還牙，以血還血不是怎麼辦的唯一的辦法，如果用愛可以療傷，真的可以療傷。（中略）我尤其要說的一件事是那時候不時在我腦海裡興起了自殺的念頭，為什麼？出乎我意料之外的這種順利來到我身上，所有的東西都來到我身上的時候，就如同我剛才說的那位凶手盧剛，好像我走到那兒再往下看就是懸崖峭壁，我看不見，找不到生命的源頭。難道人就如此嗎？你要追逐的就是名利嗎？我想不是！是什麼？我不知道。我個人的信仰背景非常複

〔註55〕《南亭和尚全集》，頁 375～376。

雜，甚或說大概很多東西我都信過，我發現不要說唉呀，這個地方不好，那個地方不好，這個地方有罪惡，那個地方我們不要去。罪在那裡？罪不是在那裡，罪在我們的心裡，（中略）有人說：改變了之後有什麼不同？你不過是從一個非基督徒成為一個基督徒嘛。我能做的有限，但是我能做的最大的無限是一個從不懂得什麼叫愛的，自認懂得愛的一個人——我改變了想法，那就是「在自己存在的同時還有別人的存在」。孫越因此參加了「送炭到泰北」活動，去那裡為一些不認識的人服務，嗣後湧上心頭的是，「住在台灣幾十年，我為台灣做了什麼？」。孫越說：「神給我們的是什麼？讓我們是彼此相愛。我自己能夠接受到的福氣，為什麼不把它跟大家分享？」有了堅定的信仰，當面對名利的誘惑，當有一些惡勢力、權力的人與他談事情的時候，不再像早期深怕到手的東西丟了，也不再心存恐懼，而堅守自己要做的是什麼。〔註56〕。說愛可以療傷，但社會上卻存在著一些沒有正確心行與民主素養的人，所以淨化人心的佛子還要努力。

（五）整飭社會歪風

台灣的社會，隨著資本主義的盛行與民意的高漲，人民趨向現實，媒體所報導的社會事件，也漸如美國，很多事情報導時有人關心，但過不了幾天就乏人問津與追蹤了，所以社會亂象是潛藏在安祥榮華的表象中，成為常民生活的灰暗角落。這是重視品德、品格、靈性等倫理道德者、宗教家與學者，所要發心提舉的教育方針。

愛的精神與願行，誠如佛教的「無緣大慈、同體大悲」。佛教把這種慈悲心拓展到一切生靈世界，儒家也跟著強調「民胞物與」的胸懷。但目前社會上還卻興起數種殘忍的娛樂活動，如提供釣者以不上餌的釣竿勾住魚體使魚隻在拉扯之間遍體鱗傷的「挫魚」活動，以釣竿勾鴨使其血流殷殷、哀鳴不止的「挫鴨」活動，以及以活鴿為靶當場射殺並烹食的「射鴿」活動，引發各界善心人士的關懷。據記者李小芬有一則新聞報導：「正在各地盛行的「挫魚」休閒娛樂，引起佛教界人士一致聲討，他們昨日在高雄市扶輪公園舉辦的法會上，發起簽名運動。強烈譴責這種以凌虐生靈為樂的休閒方式，必要時決定採取進二步行動，抵制類似不人道的行為。佛教大乘護法會指出，他們不是在與業者或玩挫魚人士過不去，而是這項休閒娛樂太過殘忍，有損國

〔註56〕林美娜〈無怨無悔的終身義工〉，《自立晚報》第15版，民81年1月27日。

人在國際間的形象，對下一代也有不良的反教育效果。覺華法師昨日指出，現在人心不好，世界這麼的亂，皆因大多數人忽略了因果輪迴，其實畜牲、水族也是生靈，與人一樣應受到尊重。昭慧法師表示，北部也有環保聯盟人士與學者正待發起簽名反對挫魚，他個人認為終究還須立法來禁止虐待動物行為，必要時大家或可聯合立法院陳情。〔註57〕

其實政府早該設立野生動物保護法，來維護台灣寶島的美名。吾跟隨明復法師辦理《獅子吼》刊物時，曾寫過一則社論，名為〈樂見野生動物保育法早日頒行〉文中說：「台灣位於亞熱帶上，四面環海，雨量豐沛，不管在水域或陸地都棲息著為數眾多的生物，寶島之美名實非空穴來風。然據專家報導，由於野生動物棲息地的橫遭破壞，以及國人大量捕捉的結果，目前除了松鼠和鼬鼠外，其他大型野生動物族群急遽減少，瀕臨滅絕，連關渡水鳥保育區的水鳥數量亦較二年前減少十倍；想要保護野生動物，除了禁獵以及維持現有的生態保育區之外，最有效的方式是保護野生動物所賴以生存棲息的環境。傳聞政府行將制訂一種『野生動物保育法』，以遏止迫害野生動物的歪風，並準備在這項法令未制訂之前，先行頒發『台灣地區特定動物暫行管理方案』，以收宣導與警戒之效，俾使『野生動物保育法』頒佈後，得能有效推行。我們佛教信眾一致認為這是一項值得讚揚稱頌的行政，樂見其早日完成立法手續，早日頒佈實施，我們願予以熱誠的擁護，使能達成預期的目的。愛護動物，本是我國傳統的美德之一。儒家告誡『君子遠庖廚』，道教宣揚『救蟻中狀元之選，埋蛇享宰相之榮』。而倡導禁屠、禁獵、放生、護生，使之通過法律，訂成制度，千有餘年遵行不殆，卻還是佛教徒的成就。因為大乘佛法傳到中國之後，中國佛教便參照固有文化的殊勝精義，陶融出世與淑世兩種思想，將菩薩行的六度四攝，由個人應機偶發的方式，轉化發展為永久性的、普遍性的，具有嚴整制度與周密方法的社會教化事業與社會福祉事業，六朝隋唐以來，成就許多偉大的貢獻。這些貢獻中，有些被政府採用，成為傳統政治措施的一部份，像混合在宗教儀式裡或日常生活裡的「放生」，亦僅是技節中的毫末。但是當今的社會已非昔比，佛教徒不能永遠停滯在一種情況下不求變通，譬如野生動物保育法公佈之後，我們應該如何運用現代化的方式，與之配合，成立野生動物保護會，設置野生動物保育基金，乃至多方面運用現代知識與設備展開教化宣導，豈不勝似在寺院裡舉辦放生儀式、出

生施食。應念願與行，是必須相輔相成的，我們應該以廣大瓦久的踐行，來擁護政府的仁政，使我們這一代至下一代有良好的生活環境。」〔註58〕佛子對此早就高聲呼籲了如南亭法師〔註59〕，而不能僅是表面、扭曲化的放生活動。做善事發心是很重要的，誠如星雲法師說的：「其實發心立願，並不是佛教徒的專利，社會上任何一個人都應該發心立願，發心才能把事情做好；尤其在今日社會亂象紛陳，很多人在為世風日下、道德淪喪而感到憂心不安之際（中略）舉國上下如果人人都能發願，願於每日把歡喜布施給別人，把快樂分享給大眾，鄉信必能使社會充滿祥和之氣。」〔註60〕

不僅發心不是佛子的專利，懺悔也是一樣，知恥近乎勇。當時的行政院長郝柏村先生，在27日行政院會中聽取新聞局輿論報告後，對社會上日漸盛行的「挫魚」、「挫鴨」、「射鴿」等殘忍娛樂方式，表達了嚴重的關切，並指示警政單位，援用「社會秩序維護法」有關影習社會善良風氣的規定加以處理。經濟建設委員會諮詢委員，當天在討論「經濟發展與消費之結構及品質」時指出，台灣的衣、食消費水準已超過國民所得兩萬美元以以的瑞士，但是國人的居住、交通及休閒品質卻非常低落，而且竟有「挫魚」「挫鱉」等殘忍的休閒娛樂，顯示我國在經濟高度發展之餘，不但贏得「貪婪之島」之稱，也變成一個「殘忍之國」。更有勝者是，當前還有以放生為美名的舉動，購買大量的鳥類，讓善男信女使用，而業者從南部抓鳥，名僧帶領信徒從北部放生。這依然還是台灣宗教信仰中的一大亂象。

台大學生偷骨案，更加震驚學界。據高源流在〈尊重死者連小學生都懂〉一文中云：「8名台大學生涉及盜取他人先人的骨骸，說是準備作為「藝術展覽」之用，除令人驚訝於他們的行為外，也讓人感嘆今天的學校、社會及家庭，究竟給了這一代的大學生什麼樣的教養，而培育出某些行為與社會傳統不合的新人類。此一事件發生後，台大校長孫震以寬容的態度處之，說這些學生只是『不懂法律』。給予死人尊重，是我們社會基本的道德，也是代代相傳的基本生活規範，在這個共同的道德規範下，不論是販夫走卒，更不論他學的是什麼，或者是無神者，尊重死人畢竟是最起碼的。即使這個物質化的社會，創造了再多析的人生概念，我們實在看不出來，這8名台大學生，何以用一些

〔註58〕《獅子吼雜誌》第24卷第6期，民74年6月15日出版。
〔註59〕釋南亭〈從牛牛皮鼓〉，《南亭和尚全集》，頁347～351。
〔註60〕釋星雲〈化世與益人〉，《普門學報》第36期，頁15。

－42－

奇奇怪怪的理由，去取他人以虔敬之心埋葬的先人遺骨。這些學生和教養他們的人，為何不換個角度想想：『自己先人骨骸被人盜去展覽，感受又會是怎樣？』〔註61〕這幾年看靈異節目，居然聽說拍戲的人居然有人拿別人的頭蓋骨當道具，還為了逼真，到人家的墳場上拍戲，對墓碑有著不雅不敬的舉動，這真的是拜科學之賜嗎？大人連民間習俗都不遵守，何來社會禮法呢？

　　媒體界如此行徑，如何能教好民眾守法的美德呢？這些人也從學校中來，受過文化基本教材的洗禮，怎會如此呢？大學生不懂或不尊重社會禮法，是必須接受苛責或者是用法律來約制的；但是今日世界上，乃至於我們的民族、我們的國家，大陸以及台灣復興基地，挖掘先人遺跡，展覽、販賣甚至以擁有這些古文物自豪者大有人在，這到底是甚麼樣的心態使然？好榜樣還是壞榜樣，有沒有高明之士做個說明呢？大人們認識已漸模糊，不學好樣，不依人道行事，怎能奢望小孩、下輩們變得懂得事理。還好目前的社會逐漸在推廣尊重古文物的保存，以及人性與安寧療護，從人性角度、養生重死的觀念中舒發，「追求德性的圓善與精神的超俗。」〔註62〕台灣人會說：「重視死者的大體。」或說：「死者為大。」但社會上還存在著一些盜墓的不肖業者，以及對亡者屍骨不敬的人。台灣本來有美好的傳統，如明復法師在《白公上人光壽錄》「民國58年——社教」文中引董正之的話說：「唯今政府對於宗教的維護，似未克盡厥職，間有無謂干擾，勢將影響民心。台省宗教情操，拜拜可見一般。普遍熱烈，東西同風。民眾多有設祖位於寺廟，寄親骨於靈塔，職此之故，台省宗祠、祖塋、寺廟頗有三位一體作用，民眾愛護寺廟，當在常情之中。身惜民政主管忽視省民好樂，維護宗教，每失常軌。」〔註63〕究實言之，政府一心只在想管理好宗教，從宗教廟宇中得到稅收的好處，如何使宗教與民眾的教育或日常生活，緊密地結合在一塊，從來都沒有心；而宗教界則是不用心，一心只在培養信徒，跟他教逗口蛇、搶地盤，把宗教與善良民俗結合的事拋卻了，一心只在佛教的、外道的或正信的、鬼神邪信的問題上大作活計〔註64〕，其實是浪費生命。

　　輔仁大學的教授李震神父，在中國時報舉辦的「開春心靈交流大會」中

〔註61〕《聯合報》第7版，民81年2月28日。

〔註62〕鄭志明〈人性與安寧療護〉，《宗教與民俗醫療學報》，頁246。

〔註63〕明復法師在《白公上人光壽錄》「民國58年——社教」，頁612。

〔註64〕宗教教內外的葛藤，參見《兩岸宗教現況與展望》「第二屆兩岸宗教文化交流座談會紀錄」，頁350。

演講〈活出生命的尊嚴〉時說道，個人生命尊嚴，雖然可以來自幸福、金錢、權勢及愛情，這些都是短暫的，沒有一樣可以滿足人心，只有不斷地追求知識與真理，才能得到永福永生，王蜀桂在〈宗教可以救社會〉一文中引李神父的話談起台灣的教育現象：「回台 30 年，在大學校園待了 28 年，對兩代大學生，李震的看法是：10 年以前的大學生，仍恪守傳統文化，尊師重道、努力讀書，生活極單純。今天的社會，各種媒能開放，大學生接收的資訊多，卻因未選擇使得校園因與校外分不清，年輕人不再重視內涵，家長也推波助瀾，孩子考上大學以進口轎車為禮物，難怪功利和享樂充斥校園。至於求學態度，就因為誘惑太多，今不如昔。更痛心的是：聯考制度造就一批批考試機器，大一新生很難適應活潑的教學法，甚至連生活作息的自主性都不大，亟需校方加以輔導。」〔註65〕王教授說的話，猶言在耳，但時空推移到現代又是 10 多個年頭了，近年來已少聽人講所謂的新新新人類，現代的學子更不愛上課，尤其是思維的東西不被愛，而多喜歡速食文化，也喜歡嬉笑玩樂。有人擔心著一個現象，就是中國大陸與日本逐漸在復興古風，而台灣卻逐漸走上俗化的現象，追求知識、維持傳統文化成為中年以上人的事業了，我想宗教界也是一樣，早就在擔心著未來的主人翁與青年的接班人問題〔註66〕。

此外，佛教為了社會問題，施行了許多的教化活動，如法治教育的推動、關懷家庭研習營、成立戒毒村、世界靜坐日，以及生命與心靈對話等活動，以淨化社會人心，重整家庭倫理。然而最主要的還是人的教育，如佛學院的教育、正規的學校教育以及全民的覺醒。曉雲法師說：「台灣的社會，目前已經有『富』，但沒有『好禮』；人心空虛衍生的諸社會問題，不是單靠華梵大學可以改善的。」經師易得，人師難求，她認為，目前首要的工作是培養人師以挽救世道人心，並且以純正的宗教教育淨化社會。〔註67〕

（六）心靈教育

19 世紀，是重視生靈的時代，所以世界上拍的鬼片特別的多，而這個世紀是重視環境與心靈的時代了。科學進步，物質性的東西高度發達，出現了

〔註65〕《中國時報》，民 81 年 1 月 20 日。

〔註66〕釋南亭〈如何接引知識青年學佛〉，《南亭和尚全集》，頁 369～371；另見釋南亭〈如何引導青少年出家〉，《南亭和尚全集》，頁 372～376。

〔註67〕《海潮音》第 79 卷第 1 期「教訊——曉雲法師榮獲文化獎願堅守崗位繼續努力」（台北：善導寺，民 87 年 1 月），頁 35。

種種弊端與禍害，人類覺得精神文明的重要性，物質要發展，精神文明也要跟著進步，且要相輔相成，不能偏廢。所以心靈教育，在當今的世界，變成一種顯學，它是生命教育、全人教育、公民教育、生死學的核心。

　　先總統蔣公曾說過一段話，「有健全的國民，才是健全的民族；有健全的民族，才能建設富強的國家。怎樣才是健全的國民呢？第一就是一般國民的身心能夠保持平衡。第二就是一般國民的情感與理智能夠保持和諧。」〔註68〕休閒活動，諸如走向自然的戶外活動、淘情冶性的藝文活動，對生活於繁忙的都市人具有保持身心平衡、維繫情感與理智和諧的功效，實無必要再做一些訴之情緒與暴力而又有害身心的活動，佛教不僅尊重一切有情，也強調器世間與非器世間的可貴，佛性是那真善純美，它隨著世代的變遷與人類智性的增長而無遠弗屆、無物不及，心淨則國土淨，化婆婆為淨土成為佛教的最大願行。數十年起，社會上發起「直指人心作環保、惜福愛物正輪迴」的活動，由吳伯雄、聖嚴法師和當時的佛教會理事長悟明長老先後擊法鼓、傳法音，主辦單位同時舉辦千人護法會，上千名善男信女頌經祈求國運昌隆，風調雨順，會場並辦理「把廢物變禮物」，舊物交流和廢物分類回收等惜幅活動。據記者謝錦芳的報導：「一場結合宗教與環保的『心靈環保、淨化人心』之大型園遊會，昨日在士林區中正高中舉行，內政部長吳伯雄、農委會主委余玉賢、環保署長趙少康、環保局長吳義雄立委周荃等人皆到場參觀。余玉賢指出，宗教的力量實在太大，民眾在立衣足食之餘，最需心靈的提昇，佛教所提唱的惜福愛物觀念，與環保活劫相結合，非常有意義。趙少康表示，環保是一種生活習慣，必須從生活中落實。台北市環保局昨日也在園遊會中擺設攤位，免費分送民眾環書籍，並現場教導小朋友如何造再生紙。在園遊會現場，有上百名穿著綠色制服的環保人工，負肯在會場教導民眾做垃圾分頗，口中無時無刻念著阿彌陀佛。雖然到了中午人潮日漸擁擠，卻沒有一個人敢任意丟棄手中的紙屑或果皮，地上依然清潔如初。」〔註69〕佛教不僅配合著政府做心靈環保活動，因為台灣存在著颱風、水災與地震等災難，佛教團體還成立緊急救援系統，發揮慈悲與安定人心的力量，如慈濟功德會與法鼓山等。〔註70〕

〔註68〕總統蔣公《民生主義育樂兩篇補述》。
〔註69〕《中國時報》第13版，民81年2月17日。
〔註70〕〈在災難中持續提供安定人心的力量——奉獻中實踐佛法、體會心安就平

　　隨著物質文明的進展，現代社會有越多的人嚮住過著安泰的生活。據報導全美有一半的人口承受著工作上的壓力，但為生存就得適應。台灣上班族的人數與承受壓力的比例，也逐漸提高，目前興起一種舒解壓力的現代禪的狂風，大師、金剛上師與瑜伽教練輩出，新興宗教由是勃興。〔註71〕社會學家在研究人類有史以來的種種現象之後，得到一個單純的發現，那就是不論時空與制度的變遷，「求生存」依然不變，差別在過活的理念與行為。中國一向強調治國以教學為先，所以無知者當「教之」使知榮辱，知者當「養之」使人格高尚能造福人群。我們也常聽到「不學不知道」的格言，以及「世人之所以愚昧與紛亂在於好為人師」的箴言，連佛教界都有人強調「佛陀涅槃後還在彼方修學」，更何況我們身受肉身、環境與意識型態所困惑的婆婆眾生。李斐鴻在〈辦教育的人要承認教育有所不足，李震神父接任浦大校長將以反省認知的情神從事教育工作〉一文中云：「對於當今社會彌漫功利主義，李震有很多想法。他認為，這是整個大環境的問題，青年學子難免受到影響，大家經常說中華傳統文化淵博，但是道德觀念卻越來越衰退，不受到重視，總是推說這是過渡時期，但是，喊了這麼多年，到底還要過渡多久，分析起來，學界知識份子大家都有責任。由清末至今，這一百年來，中國遭遇太多問題，導致思想混亂，先是強調科學救國，學習西方文化，強調實用價值，又未充分了解西方文化價值，反而忽略了根本的敬天愛人的中華文化；近年來經濟發展，帶來了舒適生活，對金錢過分崇拜，形成精神道德不受重視的功利思潮。他說，我們反對大陸的馬列主義、唯物主義。但卻實際生活在唯物主義生活中，實踐唯物主人。對此，他感到十分矛盾和困惑。李震校長說：中國人講慈悲和尊重生命，西方人尊重個人人格和獨立思考的精神，今天我們必須在中西文化間尋得平衡點，才能完成『下一個世紀是中國人』的豪情壯志，否則我們精神文化貧瘠，根本無法達成理想，只能讓人笑我們自我陶醉而已。」〔註72〕當前台灣的思想步伐，是走得很快速，社會上不難看到本土化、國際化的色彩，教育部在很多層面上推行著創新與創意的活動，以迎接新的世代。

安〉，《法鼓雜誌》「慈基會特刊」，2004年12月1日。

〔註71〕民國88年以來立案的新興宗教，請參閱內政部92年11月出版的《宗教論述專輯》第五輯；而新興宗教現象與特質，請參閱林本炫編譯《宗教與社會變遷》，巨流圖書公司出版，民82年11月。

〔註72〕《中國時報》第27版，民81年2月21日。

　　教育約略可分兩個層次，即不知者經過教導使知理趣，學人知理趣後當培育其走上事緣的最高慣值。而學人佛學是易行道，出家則是難行道，這是宗教界都知曉的事，因為佛教不僅在於經典的傳授，而更重視戒德與行持。關於好人與學佛問題，呂凱文在〈善生倫理學──邁向幸福人生的三步驟〉文中說：「佛教在談戒學之前，其實還有其他步驟──信學跟善學。佛陀認為，不管你想成為哪一個宗教的信徒，在這之前，必須先成為一個很好的人，關於這點，佛陀在《善生經》裡提供許多很好的看法。」〔註73〕佛教界為培養信徒，善巧教化以廣增佛子之心，是讓人欽佩的，但是否隨根器教學與傳戒得當否，成了佛教發展上的一個嚴重問題。

　　佛教的菩薩行，除了肩具度化世人的宏願外，同時要不斷修學並積極參與關懷社曾的工作，也就是所謂自度、度人的「兼善人我」的願行。輔大應用心理學教授王震武在〈佛教徒教育人士的授業與傳道〉一文中說：「我總覺得一個人不能像機械一樣，上班下班之外，其他的事一概不管，行菩薩道也是要從家裡做起。我自己對修行定義是：任何一個作法，最終日標是朝向改變自己，使自己的人格愈來愈圓滿。所以戒、定、悲的修學不應該被割裂，以一個大乘菩薩的角色來參與社會關懷的工作，最終如果不能對個人產生影響的話，就不能稱為菩薩行！從這個角度來看，不管是去協助別人、辦救濟、弘法或研究經典，都不能存著觀念遊戲或鈔票遊戲，最終的日的必須回饋自己，使自己的人格受到調整。在我學佛的過程中，最根本的理念是對自己忠實，充分的了解自己正在做什麼？自己有什麼優缺點？一點都不欺騙自己。認識事實，才是改變事實的起點；認識自己是怎樣一個人，才是改變自己的起點。我的根本的教育理念也是如此。我們的教育裡要教小孩子什麼東西？在這個過程中，我們要讓他慢慢了解他有許多偏見，很多是基於自己願望而產生的奇怪的想法，那些都不合事實，我們要慢慢地使他漸漸地看清外界的真相。如果達到這點，我們的教育就可以大功告成了，其他的就靠他自己去自我教育。我這輩子最關心的兩件事：就是教育改革及佛敬的現代化。教育改革其實也是佛教現代化的一環，當所有可能的信徒的觀念被調整之後，傳統佛敬自然面臨很大的考驗，信徒自然比較不容易認為捐多少錢，或持多少遍咒，或誦幾部經就有多少功德。成佛是一步一步朝向改變自己做起。信徒

〔註73〕呂凱文在〈善生倫理學──邁向幸福人生的三步驟〉，《慧鉅》第532期，頁33。

的基本結構改變之後，自然迫使上層結構反省。所以佛教現代化是從提昇信徒的信仰品質做起，佛教界應該對佛教徒做一份問卷調查，我覺得改變了人，就改變了世間。」〔註74〕王教授的說法很微妙，如果網際網路教育發達成功了，佛教山頭就要緊縮，人人會自修佛法，世界少爭紛，但卻是理想耳，僅是部份人可行。當佛教徒，如霧峰廖喬科居士說的：「求那佛之真善純美，而我則好老實修法，過得實在，為人正直。」迷悟之間，在個人取捨，凡事看兩面，公是公非。佛教的心靈活動，有內在的與外在的，有硬式的與軟式的，只要是有益於人類心性的純美、清淨的事物，佛教團體或佛教徒都肯盡心力去做。

我大乘佛法一向強調兼利普濟，自從政府播遷來台之後，積極協助政府建設，并從事宏法利生的活動，把日本時代的齋教信仰轉化使臻正統佛道，民眾也起了正信。我們當然景仰這些歲月裡的高僧大德，因為他們的苦心孤詣，使目前的改革有跡可尋，也使後學者可邁過先賢立下的績業奮進。教界南亭、道安、煮雲、白聖長老的謝世，台灣的政經文教也面臨重大的變革，佛教界新一代承受時代衝擊并領受西方思潮洗禮的領袖、學者、信眾們，已在社會上嶄露新的頭角，山頭林立。當此之時，佛教想轉化社會的執迷滯障使生正信，依正業而成佛化世界，非先正本清源不可，所以實有必要多檢討一下教界的處境，及其因應之道。

對於教界的處境，明智居士在《近代中國佛教》一文中說：「38 年以後大陸佛教進入黑暗期，政府在台灣則尚能尊重佛教的自由，慈航法師、斌宗法師尚得以施展抱負，但政府對佛教學術文化則尚無足夠的認識，不知提倡鼓勒，佛教大致仍沿襲清代的民俗信仰氣質。所幸近二十年來，台灣教育日漸普及，出家信眾中知識份子的比例愈來愈高，在家居士的教有程度亦日漸提高。若干佛學院尚能維持一定水準的佛教教育，寺院道場虔心修行有深入經藏之僧眾不乏其人，各大學亦多成立佛學社團青年人得以培養正知正見，這明頗看出佛法正由剝而復，面臨復興之契機。佛教的生命繫於三事：一是從事社會慈善福利事業；二是修行，並協助淨化人心；三是佛學的研究及宏揚。此三事都要有人做，而且每一個人都不能只顧其一不顧其二。各寺院道場應一起做，在家居士也應量力支持之，為此才能贏得俗眾的信賴，進而改善社風，提昇眾生靈智。我們佛弟子何其幸運生逢一個可以發揮一己力童的時代，

〔註74〕《菩提樹》，1991 年 11 月號。

一個可以挑起護法重擔的時代。至盼人人各盡一己財力，有腦力者出腦力，一同來振興這關係人類慧命的佛教。」〔註75〕確實這是一個大有作為的時代，有心志有願行的佛子更不待言，人人都會出其一己之力，在僧俗配合得宜而如法行之下，做成人度己、自化化他的活動時善巧而不流俗，其化導與風格，自然就能溫厚而不貢高；其所建立之佛教形象，自然能對社會風氣生起潛移默化的效果。〔註76〕

釋蓮海在〈護國也要護教〉文中說：「佛法能解決過去與現代人的煩惱，當然也能解決未來人類的煩惱，所以佛法是能夠超越時間和空間的。基於此，用佛法來看待世間是清明的，唯有從心靈的淨化，依報的世界才會隨著正報而轉化。身為佛弟子的我們，責無旁貸。」〔註77〕佛教徒的淨心行動要快，不然如開證、南亭、聖嚴等法師所說的，「他們（他教）思想開明，變化很快，我們卻很保守。」「他們的力量集中，佛教則各行其是，且不互相連繫。」

近二十年來，每年佛、道兩教在公益事業上都是名列前茅，常獲得內政部表揚，這說明了佛教慈悲為懷的宗教精神是不落人後的。佛教在台灣，基本上已完成了慈善、文化、教育三大救命圈的奠基工作，其中以慈善更是須要有整體性的規劃，尤其是前進大陸的宗教交流活動，否則資源容易流於浪費。〔註78〕

三、對政府宗教政策的省思

自從佛教輸入中國，其中國化的歷程，也就是其與政治之關係史，它們之間不斷地從衝突中調和，勢力也有所消長，最後佛教被融入國家政策之下被管理。所以，在中國政教關係，可說的一段漫長的、複雜的人性發展演進史，它可以看出不同的人格及其作為。即使是今日自由中國的台灣，也是一樣，佛教團體依然在憲政體制下看起來似是要當個柔順、乖巧的團體，負衛國、護教之責，在協助國家發展之下，不忘弘揚教理、行其教化。在政治權威高過於教法之下，從古迄今，引起不少大德的反思與想那有更具體作為之踐行，使佛教能擺脫政治之枷鎖，讓佛教的文化更加增上與昂揚於國際得

〔註75〕《現代佛教》第 124 期（民 80 年 9 月 1 日），頁 25。

〔註76〕釋法藏〈勉居士如法護持三寶〉，《妙法》第 133 期（台南：妙法雜誌社，1999 年 1 月），頁 36～40。

〔註77〕釋蓮海〈護國也要護教〉，《護僧》第 14 期，頁 35。

〔註78〕〈社論──以智慧為主導來行布施〉，《萬行雜誌》第 170 期，頁 5。

人群之間。

　　此外，今人看政治與宗教的關係，可以從文學的角度，可以從護教的角度，可以從歷史學的角度，可以從政治經濟學的角度，可以從傳統文化價值的角度，去整理一些頭緒；也可以從唯心、唯物的科學與心理學的角度，去看政治與宗教間的問題；判別的標準與尺度不同，所得的結果就殊異了。王志遠在《宗教文化叢書》「總序」文中說：「當今比較具有現代色彩的一個角度，是心理學。例如，講天堂、地獄，會被有知識的人們斥為『迷信』、『陳腐』。但如果像池田大作在《展望21世紀》中所說的那樣：『地獄就是受生命原有的魔性的衝動所支配，處於痛苦最深的狀態；天是欲望得到滿足，充滿歡樂的狀態。』是否當代人會接受呢？據說西方著名的歷史學家和哲人湯恩比給予的高度評價是：『超過迄今西方所進行的任何心理分析。』傳教者已便換為這種現代口吻，研究者將如？對歷史上的宗教現象有如何從這一角度分析？都是課題。還有不能忘的一點，即從政治學角度去看宗教。這一點在中國具有悠久的傳統，古來即有神道設的治國安邦之策。宗教之於政治也有比較明確的認識，叫做不依國主則法事難力，基本上能自覺地巡民教化。政治與租教的協調互補，在歷史上往往與社會的長治久安相聯繫。而宗教與政治的對立乃至衝突，則標誌著動亂和不安。這種現象也很值得從廣義文化的角度去重新探討。至於其他方面，如經濟學的角度，在僧俗之間，傳翁的說法往往不知不覺總站在正統的立場上，維護黃權的利益，似乎此時黃權便代表全民。而實際上，宗教經濟的存——其慈善事業會經濟總體的調節補充作用和心理效應，更多地表明了它之所以能存在的歷史合理性。宗教文化在相當程度上與宗教經濟興衰息息相關。」〔註79〕大陸學者看宗教，基於是「一件有利於民族文化建設的好處」〔註80〕，台灣的政府亦然；但以台灣學者的立場，其探研宗教更著重在時代發展中宗教所扮演的角色，以及在政教關係之下宗教的內外部問題與其生存發展的進路。台灣的宗教，不似大陸，不肯也不是依存在政府的政策與法令之下仰人鼻息苟活。

（一）政教關係

　　佛教對儒者來說，是外來的宗教，到了民初因專制王朝解體，佛、道與

〔註79〕王志遠主編《宗教文化叢書》「總序」（北京：幽州書院，1989年9月），頁4～5。

〔註80〕王志遠，前引書「總序」，頁5。

民間信仰都遭到空前的危機，佛教靠著一個破碎枯萎的僧團，勉強渡過迎面襲來的各種危機。因護國的關係，乃能隨著政府播遷來台發展，伺機找到了生路而逐漸興盛起來。然佛教的內部的問題，還是環繞在其產業與人才教育問題，這關係到僧尼的生計與濟化活動。南亭法師在〈誰是當前的佛法金湯〉文中談到「佛教在中國」時說：「佛法傳到中國，中國風俗不同，氣候有異，僧尼才改變而住廟，自起伙食。二千多年以來，一直如此。直到清朝滅亡，民國成立，國人鑑於西洋人的科學進步，堅甲利兵，戰必勝、攻必取，於是提倡教育，採取西化。然民窮財盡，國庫空虛，無從著手。不逞之徒把眼光移到廟產，而倡導廟產興學。其實各廟上都有田產，只是多少之分，富足而有餘的，卻是很少。而且他們都是粗衣淡飯，勤勞節儉。田產多的，住眾多，田產少的，住眾少。讓僧尼自由生活，則有餘；若集中其有餘來辦一所大學，則不足，徒然興風作浪，擾亂僧尼不安而已！」〔註81〕在大陸佛教教團相忍為國，以寺產辦學，到台灣來則讓產護國護教，佛教稍有喘息機會，但算是政府對佛教的一些優待。〔註82〕宗教是有其價值的，對政府來說，南亭法師在〈佛教與倫理──泛論宗教〉文中說：「國防部總政治部編印的《各教機典選輯》〔註83〕中，曾引用總統　蔣公的訓詞說：『不能因為中國無國教的關係，就認為中國無宗教了。希望我們反共志士，認清天與神的觀念以及其宗教信仰，那是精神武裝中最精銳的武器。』我們讀了領袖的訓詞，可以知道宗教力量之偉大。」〔註84〕佛教在兩岸對峙時，是配合著政府的政策在活動，一面反共一面宣教，改善民間善良習俗，佛教能發揮的場合僅在民間，不能及於正規教育的學校，因為學校禁止老師談論政治與宗教課題。

關於佛教的教育問題，有內學與外學問題，有教內教育與政府政策問題。南亭法師在〈如何引導青少年出家〉文中說：「我們的教育主管官廳，一向視僧尼為化外，佛教的教育，如佛學院之類，不合官家的規定，祇是不准你立案，從沒顧及到佛教對中國文化之影響，既久且深，應該予以適當地輔

〔註81〕《南亭和尚全集》，頁 302。
〔註82〕中國佛教會的護國護教，參見釋南亭〈六年來中國佛教會之成就〉，《南亭和尚全集》，頁 286～291。
〔註83〕民國 52 年 3 月編印，備作「官兵精神教育輔助教材」，全書引用佛教者，佔了二分之一強。
〔註84〕《南亭和尚全集》，頁 46。

導，而使有合法的學校，可以造就人才。」〔註85〕對早期的台灣而言，政府對宗教教育的政策，一般被歸納為四個項目。一是不提倡；二是不鼓勵；三是不重視；四是不瞭解。佛光山開山宗長星雲法師在〈談人生觀與感情世界——出家也是一種無盡的愛〉一文中，論及佛教應該走入民眾的生活裡面，有一段發人省思的對答，全文如下：「問：『有人認為早年佛教在台灣曾因執政者的信仰不同而受到壓抑，現在佛教則日越活躍，您以為如何？』答：『從佛教傳到中國二千年來，有的政權就排斥佛教，所以在中國佛教史上有三武一宗的教難，到了近代，太平天國、文化大革命對佛教的摧殘也是厲害的。佛教不同於一般的學術，甚至不同於儒家，每次排孔或是打倒孔家店，則孔子學說就沒落，佛教不同。它有信仰，您怎麼摧殘它，它是有殉道的精神，你越迫害它，佛教的反彈越強。中華民國的政府對宗放的政策是自生自滅，你好讓你好，你不好讓你不好，信仰自由，不過在傳教上有一些限制，譬如說過去監督寺院條例是針對佛教、道教而來，而天主教、基督教沒有什麼宗教法限制，它可以自由傳教。近年來台灣走向自由民主的趨勢，也給佛教帶有一個契機，而我們也不諱言說有一些新的傳教觀念和方法，如人間佛教、生活佛教啊，佛教大開善行走向社會。佛教底該走入民眾的生活裡面去啊，這些都很能符合現代人的心理需求。這幾年來，佛教因為這漾的帶動，發展就更快了。多少年前說是對佛技有所限制吧，我想也不是很強烈的，最主要是我們本身沒有人才，所謂「人能弘道非道弘人」；尤其現代佛光山的出家人大專畢業的就有二百多人，其他至少是高中畢業，如果把佛學院算進去，則我們可以說所有佛光山的出家人至少都是大學畢業。唯有教育水準提高，我們傳的品質也就慢慢地不一樣了，容易獲得信徒的接納。」〔註86〕現代的佛教山頭，都很重視人才教育，所以一一開辦起佛教大學來了，如慈濟強調「人的完全。」〔註87〕或強調與師同願，「護法信眾感恩相聚」、「當個奉獻人是個有福報的人」，如法鼓山會眾。〔註88〕發輝無緣大慈同體大悲心，服務人群，造福社會。

佛教自從阿育王時代，就已深深的覺悟到肩荷世界法要與文明傳播的使

〔註85〕《南亭和尚全集》，頁375。
〔註86〕《自立晚報》第13版，民81年1月20日。
〔註87〕《中央日報》「副刊」，廖威凌〈娑婆世界中的琉璃——證嚴法師人間行腳〉，民90年6月5日。
〔註88〕《法鼓雜誌》「特別報導——感恩年會」，2003年4月1日。

命，進入中國也不例外，不因政權的轉移，不因政治的壓迫，不因外道的詆
毀，不因環境的變遷，而改變「無緣大慈、同體大悲」的願行。雖然，我們
不禁要問：為何政府對於宗教教育會採取上述的四項心行？可以歸納出幾個
原因。最根本的因素是政教情結。中國自秦漢展開大一統集權專制以來，政、
教或君王與宰相之國政事丞相或宰相，更何況被儒家詆毀為「妖言惑眾、不
敬君親、超越三界」的僧伽，健全的佛教僧團，在有心人士眼中彷彿國中有
國，不知何時會暴發衝突甚至危及政權。因此顧忌，深具國有國」規模的僧
伽組織當然是中國君王與禮法所不容。

　　其次，中國傳統文化在某種程度看來是以儒家文化為主流。儘管佛教在
歷史上發揮相當大的影響力，即使執政者與士大夫的行事不見得依據儒家思
想，他們依然強調儒家思想為治國之要，人間行事之圭臬。近世受西方文化
與文明衝擊甚深的台灣，已被人批評與質疑當代人受儒家思想影響的有幾
許？瞭解儒家思想的國人有幾人？台灣的經濟奇蹟真的受到儒家的影響嗎？
台灣的執政者、學者乃至於鄉井小民，有幾人夠資格稱得上是儒者？雖然問
題重重，我們的大眾媒體及一般人的口頭禪還是認為我們思想的主流是儒家
思想，因為從幼稚園起，到研究所課程課本、標語期刊論文，甚至旅店、報紙
新聞，以至於教會、車站那個角落少了儒家的蹤跡，但儒教不是國教，只是
傳統文化上被視為有益於人倫的教化。國人平常忙於俗務，不覺得儒家的陰
影，那一天談起中西文化與世道人心時，不知不覺中也能流露出儒家的情結。
認為重視現實人事的儒家是入世的、積極的，對提昇心靈與智慧的佛教，卻
誤以為是遁世的、消極的，尤其是到寺院親近僧尼被稱為迷信﹝註89﹞。由於
政府對於宗教是比較維護天主教與基督教，佛教在社會上的經營很是艱難，
佛學院的學歷不被社會所承認，佛教思想不能在教育體系內傳佈，但佛子的
心志卻是一往直前，永不退卻。聖嚴法師說：「佛學社團所發揮的功能，對大
專青年的影響非常深遠，一直到現在，這些佛學社團的許多成員，都是社會
的中堅分子，雖然我們無從得知他們現在是不是還在學佛，是不是還在護法，
但是佛學的種子已經種在他們的八識田中，他們會對佛教有影響，而這就是
潛移默化的作用，能夠感化很多親近佛教。」﹝註90﹞佛教社團學佛、念佛，

﹝註89﹞釋南亭〈一個好現象、一個新希望〉，《南亭和尚全集》，頁336。
﹝註90﹞釋聖嚴〈台灣佛學研究的繁根者──談周宣德居士〉，《慧炬》第532期，頁
　　　　51。

是一種交誼活動，佛教僧尼碰到人喜歡說阿彌陀佛，是親切與的問訊，我在海明佛學院教學時悟明長老每回開示的話就如同聖嚴法師說的，其云：「念佛一聲，別人以為是迷信，在佛教立場確實有其用意在，現在唸一聲阿彌陀或稱其他佛的名號，將來會在我們八識田中起了好的作用，你們初學不能小看念佛。」佛學、佛教藝術、念佛在台灣逐漸開展下來，南亭法師在〈一個好現象、一個新希望〉文中說：「這還不算，3月29日是青年節，3月30是星期天，31日、4月1日是春假，乖乖！一連貫4天的假期，這使青年們樂得心花怒放。如果在這幾天不結伴出去玩樂，那真是百分百之傻瓜。呃！事實上儘管有一群傻勁很大的大專院校青年，放棄了春遊，從老遠地方將懺雲法師請來，假蓮社念佛團，跟著他念佛、靜坐學做素菜、包餃子。這真是珍惜光陰，努力學習最好的辦法，也是別開生面度假的門道。」〔註91〕佛教高僧大德儘管閒來無事，說教界的處境與八卦，說說政府的忽略宗教的教化，但不忘努力教導來親近的學人，尤其是在家信眾，而出家僧尼則要參方辦道去，不能只學佛學而不用〔註92〕。

　　台灣的政治界只允許佛教在大專院校社團中存在，宗教界也因為長久以來輕忽於世學的作用，尤其是對僧尼往日本進修參學產生不良的觀感，許多僧尼要進修最方便的地方是日本，結果被日本佛教文化同化去的不在少數。而「台灣人普遍的觀念，又是出家就是吃齋、念佛去，還讀甚麼書，書嘛越讀越輸。」想進修的僧尼處境艱危，聖嚴法師說：「我去了日本留學，期間很少回台灣，即使回台灣，也很快就再回到日本去，因為沒有人支持我。台灣佛教界對我是抱持著一種非常負面的想法，認為我去就要還俗、結婚。但是周居士卻請智光老和尚多照顧這個年輕人。」〔註93〕台灣人在宗教信仰上，對基督教與佛教的看法很不一樣〔註94〕，因為基督教與天主教對教友是很重視、親切的，佛教不然，因為傳統的佛教把出家眾的地位抬得過高了，而在家眾不能為僧尼師且要依僧尼進學。聖嚴法師避重就輕地說：「台灣的

〔註91〕《南亭和尚全集》，頁335～336。

〔註92〕釋南亭〈談談尼眾的教育〉，《南亭和尚全集》，頁12～13。

〔註93〕釋聖嚴〈台灣佛學研究的紮根者——談周宣德居士〉，《慧炬》第532期，頁50。

〔註94〕關於基督教、天主教與佛教之差別，參見釋南亭〈漫談佛教（一）〉，《南亭和尚全集》，頁317。南亭法師舉日本佛教、佛教大學以及天主教、基督教來反省佛教的作為。

年輕人，特別是大專生大多數都認為佛教是迷信，不值一觀，大家覺得只有基督教才是有水準的，因此在胸前掛上十字架，說自己是基督徒，那是非常時髦的事；但如果大專生是佛教徒的話，就很丟臉了。可是，經過佛學社團打下基礎之後，年輕人漸漸地知道佛教並不只是老太太們才信仰的迷信宗教，而是有內涵的，這也可說是將台灣的學佛及佛教學術研究的風氣打開了。」〔註95〕

政府對宗教的政策，也使得佛教的學術研究變成以居士為主流，這一方面也是佛教界的僧人普遍不重視學術研究的關係。聖嚴法師說：「當我從日本留學回台灣的時候，佛學社團已經非常地普遍了，可是那時候教育部認為出家人不可能做研究，只能念經。所以我在文化大學教書前，拿我的畢業證書到教育部去申請教師證，被教育部連續打回三次，還說：『和尚怎麼會有學問呢？還教什麼書？』這真是對和尚非常大的侮辱。可是在民國六十四、五年那個時候，因為周居士在大學佛學社團紮下了根基，之後有好多人專門研究佛學，也有許多居士在大學裡教書，而教書的人還可以拿到教師證，像周宣德居士、周邦道居士都在大學教過書，那為什麼我這個和尚就不能教書？那其實是對和尚的一種歧視。直到第四次，我才請我們的駐日單位寫信回來給教育部，證明我的博士學位是真的，日本文部省是承認的，這樣教師證才拿到了。這件事說明了當時台灣幾乎沒有從事研究工作的出家人，所以一般人只知道研究佛教的大概都是居士。關於居士研究佛教這一點上，周居士的貢獻很大。」〔註96〕

對佛教有偏差的觀念，在資本主義衝擊、物慾橫流的現世，要端正善良風俗實非易事。以中台禪寺剃度風波為例，聖嚴法師說，「中國人對宗教的偏見其來有自，其實西方人也是一樣，特別是不能認同出家的行為。一般父母對女兒要出嫁都很歡喜，但到了臨上禮車了，還會感到不捨，而出家更被認為是不正常的生活。比起西方宗教，佛教徒是比較消極。」黃光國教授則說：「宗教與華人社會一直都有衝突，因為華人社會是以儒家思想為主，重視家庭生活，也強調每個人傳宗接代的責任，而這些都與佛教信仰有潛在的衝

〔註95〕釋聖嚴〈台灣佛學研究的紮根者──談周宣德居士〉，《慧炬》第532期，頁51。
〔註96〕釋聖嚴〈台灣佛學研究的紮根者──談周宣德居士〉，《慧炬》第532期，頁51～52。

突。」〔註97〕瞿海源教授在〈台灣與中國大陸宗教變遷的比較研究〉文中說：「在台灣光復之初，在扣除了其他各類宗教徒的人數之後，約有九成五以上可視為中國民間信仰的信徒。」〔註98〕佛教在 70 年代開始興起，連帶其與社會的衝突性，就與日增加，聖嚴法師認為：「我對佛教最近幾年的興盛，就隱隱有些擔心，會有一天出現大紕漏，而中台事件剛好可以提供一個檢討的機會。」〔註99〕當然佛教還有很多問題存在，如參與政治問題。〔註100〕佛教僧尼一直在以當人天師為己任，當擺脫以往依託政治、權貴、士大夫佛教才能振興的權宜心態，對於所謂的外道也不必心存忌諱甚至於排斥、詆毀，效法佛陀的精神敞開悲憫、寬容以及濟世的胸懷，隨緣度化。在個人自覺自主意識高漲的時代裏，我們對於他人的選擇，所秉持的態度如同星雲法師說的，以隨喜來長養自他的善心。目前佛教界，大學也成立多所了，僧尼、居士在學術研究上，逐漸可觀，當今台灣宗教史的研究蔚為顯學，寺院與佛教徒的努力都一一會被歷史所記錄，俗話說：「凡走過的路，必留下痕跡！」佛教徒能不更加慎乎？！

（二）宗教教育

對於宗教教育，仰賴政府不如先從自我建設開始來得穩當。「佛法的興隆，除了仰賴僧眾之外，在家居士亦扮演非常重要的角色；而無論僧眾或居士，在護持佛教時皆需具足弘觀及遠見，要不分彼此、相互提攜，方能茁壯成長。」〔註101〕教界如是在呼籲，秉持著「既是佛子、當行佛事」的理念，方是處世的最好策略。

除了僧人服兵役要爭取一些待遇〔註102〕之外，佛教界辦學院教育也妥善

〔註97〕《中國時報》「社會脈動」，張春華〈以出世心情入世宗教問題攤開談〉，民 85 年 9 月 16 日。

〔註98〕林本炫編譯《宗教與社會變遷》「台灣地區宗教的變遷」，頁 393。

〔註99〕《中國時報》「社會脈動」，張春華〈以出世心情入世宗教問題攤開談〉，民 85 年 9 月 16 日。

〔註100〕參見釋昭慧〈宗教真能超然於政治嗎？〉，《中國時報》「時論廣場」，民 89 年 3 月 3 日。

〔註101〕心護〈台北市佛教護僧協會召開第一次籌備會議〉，《護僧會訊》第 13 期（中華佛教護僧協會，民 87 年 10 月），頁 53。

〔註102〕《南亭和尚全集》，頁 375 云：「是國民，皆有服兵役的義務，這是法律規定，也是時代使然。我們不敢妄想，享受過去僧侶於戰時祇負救護責任的待遇。」

在規畫，南亭法師在〈如何引導青少年出家〉文中說：「各寺廟雖多顧慮到僧尼知識問題，而興辦教育，但多各自為政，可算絲毫的聯繫都沒有，引不了政府的注意。立不到案，學僧們即使讀到畢業，拿一張沒有官印的文憑，派不上用場。二十年來，高低級的佛教會，也從未考慮到這一問題。」〔註103〕再次，從事教育者不懂得宗教及宗教的重要性。舉例來說，多年來有心人士想辦佛教大學，但是教育部不准，理由是國家現階段需要的是科技人才，然而台灣近三四十年來科技及經濟上的發展已經到達了相當的層次，人文的素質卻轉落在後。筆者在二十年前在文化大學任教中國通史，深覺我們這個時代的台灣人幾乎對中國過去的歷史很陌生，數十年來中西學界對中國史的研究有相當輝煌的成果，但很難傳達下去，問題就出在整個大環境。有位學政治的教授，曾跟一位剛教國父思想沒多久的博士聊天，這位博士牢騷滿肚，諸如學生懶散、功利、不重視，甚至說國父思想已過時的話語，教授談起這件事很感慨，對我說現代人不知傳統文化的可貴，不知尊重古聖先賢，年紀輕輕沒見過多少世面就信口開河的說國父思想已跟不上時代潮流。他聽到我教中國通史，很高興的說：人文學科有兩大支柱，讀歷史可以見中華民族的偉大，地理則可窺中國山川之美好。目前的台灣社會，已有共識當以「人文」來提升，就看理念與實際的作為了。至於佛教辦學，華梵大學或玄奘大學、佛光大學、南華管理學院之類，僅可算是世俗性的學校，與一些高僧大德心中真正想辦的佛教性質的大學，在宗旨與學制上迥然有別。所以說佛教僧團當再教育，不僅要了解政治，對於憲法、法律以及法規諸如宗教法人法、人團法、教育法規等當加以研究，仔細評估可行方案，才不致於打迷糊仗、白忙一場還沾沾自喜的說：我很努力在辦教育。問題當中，道安法師辦學就是一個例子可以去體察。〔註104〕僧團結構健全，品質也提昇了，才可望推展教化人的工作，世間為何常有一種說詞「教書的人該下18層地獄」，這種詼諧而又深具教誡語，令教書者不勝惶恐的玩笑，我想佛教深重人的法性慧命，盲人帶瞎子的事他們真的玩不得。尊師重道、百年樹人是何等的重要，換個

〔註103〕《南亭和尚全集》，頁 374～375。

〔註104〕南亭法師〈悼道公長老圓寂一周年紀念——為出家人辦在家學校者進一言〉文說：「佛教徒，尤其是出家人，欲與社會發生關係而產生傳教作用，非辦慈善、教育、文化不可。倘若涇渭不分，一味出之於婦人之仁，則皆變成養老院、收容所，則成何體統。」（《道安長老紀念集》，民67年1月1日，頁57）

西洋的術語，尊師重道是先驗的不容懷疑，前題在尊何種師、重哪種道，教何種人，這端賴教育與個人的抉擇兩相配合。

（三）政治因素

再次是政治因素。為何說政治因素會導致政府不重視宗教教育呢？在社會變遷瞬息萬變中，政府的公權力極須調整，政府對一些具有群眾力量的團體組織一向特別謹慎處理，諸如以往佛教青年會與佛教史學會申請成立問題，經過幾番波折青年會成立了，中國佛教史學會流產，這是環境與人心使然的，因為政府認為已有一個中國佛教會。〔註105〕明復法師晚年對此事還是掛懷的，其拿稿件給黃英傑君看，黃英傑拿此文件去拜訪李志夫教授述說著一幕幕陳年的往事。王蜀桂在〈宗教可以救社會〉一文中提到：「對於輔仁大學爭取10年，終於得到教育部通過的宗教系、宗教研究所，多次赴大陸觀察宗教的李震神父，頗感慨的說：『別看中共是專制統制，只要發現需要立即設置，效率極高。10年前大陸開放，他們了解宗教的重要，馬上在10所重點大學設宗教學系培育懂宗教的專才。如今大陸有關各宗教的專家學者，起碼有數百名。』反看我們設宗教系，進教育部就被打回，政府老擔心宗教系變成神職人員專修班，其實經過聯考分發，不大可能。輔大費了9牛2虎之力才得到，基督教、佛教仍被種種規定束縛，動彈不得，唉！對於病得厲害的台灣社會，李震神父認為只有藉宗教力量，才能使人人活出生命尊嚴，進而改善社會風氣。」〔註106〕相信他的想法，也是大多數宗教家共同的體認。星雲法師說：「這彷彿是在穢濁的惡風中，注入一股清流，讓人重拾信心和希望」〔註107〕但佛教大學一一成立當中，台灣社會也發生了大學院校過多，以及少子化的問題，衝擊著佛教學校未來的規畫與發展。

由於政府當時的作為，讓教界覺得政府是儘量不令宗教活動蓬勃，或是任由宗教自己發展教育，政府的心態真讓宗教人士產生不少疑情。〔註108〕目前政府誠心改革，大力在推展民主活動，教界領導人與相關部門如佛教會大可當仁不讓出面，與政府相關部門溝通並爭取政府在某些層面上的贊助與輔

〔註105〕參見明復法師〈中國佛教史學會創辦始末〉，《明復法師佛學文叢》（覺風藝術文化，2006年9月），頁151～204。

〔註106〕《中國時報》，民81年1月22日。

〔註107〕釋星雲《迷悟之間》1，頁47。

〔註108〕釋蓮海〈護國也要護教〉，《護僧》第14期，頁35～39。

導。由以上幾個因素，可看出目前社會上所反應的幾個情況。一是迷信。一是造成價觀的混亂。西方人受過宗教洗禮，配合著科學革命的理性運動，宗教的情操與守法的精神已深植人心，并具體地表現在社會活動人中。而我們從來沒有受過正統的宗教教育，學習的還分不清是儒家或是道家還是佛家的那一派學理，本來就不大理性，還受到西方文化的衝擊，把西方某一派不成熟的思想或某一時期的社會現象，當作西方的人的文化與文明，而藐視固有文化並大力攻詰社會，以為宗教就是迷信，當然無法產生正確的認識；知識份子既然是如此德性，遑論一般討生活的大眾，更容易造成迷信現象，像玩大家樂而求明牌、拜大樹公，甚至拜荒郊無名墳塚等。教育體制的不良，加上人性的無明，把社會帶上了追逐物質，追逐金錢的方向，娛樂方面也流於感官上的直接刺激與當下的發洩，由 MTV、KTV、卡拉 OK 店的林立與電動遊樂器的風靡可見一斑。新的一代受到社會上速食文化與不良風尚的影響與污染，而不自覺不好與可恥，這種完全忽略人文精神發揮的可怕現象，令人擔憂。現代的年輕人很少人相信『一分耕耘一分收穫』的說法，換句話說是不腳踏實地、好高騖遠卻又重視享受。甚至有的修行人、居士以及道德人士沒受到教團的良好指導，自行摸索，過自己想過的生活，無師自證，恍若天然外道，卻自以為開悟可隨緣任運，講話振振有辭，儼然一派宗師。甚至有一知半解，就為人講經說法，開示收徒、出書講學，這種乖張現象比比皆是，成為一代風尚。這些都有賴政府與僧伽的明智與公權力的伸張，才可扭轉頹風，當中重要的一環還是教育問題。所以從現代的社會現象，以及「有佛法就有辦法」的吶喊聲音，可以看得出來宗教教育的重要性。

四、現代化的佛教教育

　　佛教是既出世又入世的宗教，照理來說它要著重在出世的層面比較重些，而入世僅是其方便行的覺有情活動。其在台灣的發展，入世的成份卻重了，有些部份確實可以彌補國家發展上的不足，如監獄弘法〔註 109〕、協助救災等，有些地方國家政策發展上已有的、還深具成效、其他宗教或教團有的，實無必要浪費人力與資源去爭勝，只要隨緣做就可以了。真的有不足處、覺得有需要做的，就奮力去進行。如創原始佛教學苑的宏印法師說：「我個人是生長在北傳的中國環境，但我也去南傳佛教的國家如泰國、斯里蘭卡、緬

<hr>

〔註109〕釋蓮海〈護國也要護教〉，《護僧》第 14 期，頁 36。

甸等，我覺得原始佛教的優點是比丘僧團的生活比較重視戒律，尤其是重視僧團的羯磨，出家人的生活簡樸、道場亦較樸素，相對地在台灣之寺廟大多是莊嚴華麗，法會比較多，如拜懺、水陸、超渡等，南傳佛教的禪修禪坐是很普遍盛行，共修的風氣亦很盛，鄉信這些必客為台灣佛教帶來互捕互成的作用。」〔註110〕在台灣，早期僧人未闖出名號前，大都不敢說我宏揚的是獨特的教法，更何況是日本禪之類的，當今風氣大開，你要宏揚甚麼皆可，只要不礙於法律，連印度人居家禮拜而門庭若市，政府也無從管起；法輪功在大陸出了問題，在台灣信徒卻多；宋七力、妙天、清海等用佛教之名，大張旗鼓，佛教界對它們也無可奈何；密宗小法王破戒，上電視節目招搖，信眾爭相供養；台灣上師、宗教老師何其多，天師發展到可用抽籤來決定，誰能真的分辨，這都是拜台灣宗教自由之賜。

（一）教育理想

現代已是資訊交流頻繁的時代，辦理佛教教育可以不像以往帝王時代「人存政舉、人亡政息」的現象，僅是一、二人或一群人的事業，而是攸關整個社會榮枯的問題，必須要有各領域學者、專家，共聚一堂從事討論、規畫、推行、評量的各項工作。例如資訊界的發展，已潮向多媒體與決策支援系統的方向進，多功、快速、高效與方便是時代的趨勢難道佛教教育還要停留在不成熟，不長進、一團糟的山頭主義與天然外道的戲論囂嚷塵上之下嗎？很多人都不想這種現象延續下去，圖思改革，與政府以及相關的教育單位力爭溝通。可喜的是目前佛教大學成立了，未來政府允可的佛學院也會一一成立，宗教系也形成了，宗教管理人才也會一一由校園裡走出來到寺院、道場或公家機關去服務，合乎現代化與佛教傳統的專業人才，會一一呈現在國人面前。現在一般的說法是，佛教的教育可區分為兩大方面。一是寺院的教育，或是所謂的僧伽教育。一是佛教的社會教育。僧伽教育比較著重於「如何造就人才」，尤其是僧才教育〔註111〕；而社會方面，是指辦一些小、

〔註110〕心素〈專訪台南縣龍山寺原始佛教學苑——創辦人宏印法師〉，《護僧》第13期（中華佛教護僧協會，民87年10月），頁19～22。

〔註111〕成一法師在〈道安法師的十大德行〉文中說：「要有企業化的生產事業以充裕財源，從而發展佛教的弘法、慈濟和教育事業等；要有現代化的佛教教育，以培養弘法及住持人才，以健全僧團組織等；其實這倒是嶄新而又是當前佛教所必需的偉大理想，亟待有心人來把它一一付諸實現，這些理想實現的時候，也就是頹廢的中國佛教復甦的時候了！」（《道安長老紀念集》，頁16）

中、大學正規教育,以及社會各層次的補習教育、空中教學、講座與修證研習活動。

(二) 僧才教育

目前的佛教界,其實在社會教育的成效是不佳的,尤其是僧伽教育,有人主張僧俗、僧尼要分開來教育;其可按世俗教育模式,先辦理研究院,有了夠資格的師資,再辦大學。大學最好包括內、外學,也就是說成立戒、定、慧、三學院及輔助內學的世間法一學院。其他獨立一門或兩門的,就成為專科學校或技院。師資養成後,再往下設立各級高、中、小,甚至育幼院。學位與進修方式,可比照現行教育體制。正規教育辦得妥當,社會的各項補習與濟化活動推行才有準則。而當前的佛教卻是辦理中學教育,再往上或往下辦教育,能辦理整個學程的佛教教團目前還沒有出現,問題還在人力與財力問題;最重要的是,佛教界辦學還如同辦理其佛學院教育一樣,各辦各的,缺乏彼此支援聯繫,也缺乏統一辦學的心胸與妥善的規畫。〔註112〕

對於教育體系內所興辦的佛學院,有數點極需要加以改善。第一,辦學的宗旨要明確化,到底所辦的學校是為了單純的培養僧才,還是為了趕經懺,或是保存、創作與宏揚佛教藝術,抑或是傳播教理、教化人心使趨正信、正樂而非一味的勸人出家。宗旨確定了,才好辦事,不致於像往昔佛教被人垢病:辦作學院不在培養僧才,也不為學員出路著想,只因寺院缺乏人手辦事,諸如辦佛事趕經懺。第二,辦學宗旨沒確定,就談不上制度。吳鈴嬌在〈博士和尚聖嚴法師的深情大願──提高人心品質建設人間淨土〉一文中,提到聖嚴法師的出家與就學的過程:「法師生長在貧苦的農村家庭裡。13歲那年,鄰近不遠的狼山上寺廟,正物色一個「小和尚」,法師被看中了。只讀了小學四年級,上山出家做了小和尚,從此過了段趕經懺忙念經,卻不知道佛經意義是什麼的日子。當時,只要背會:彌陀經、楞嚴經、大悲咒、懺悔文等五堂功課,就能當和尚,到處做佛事拜經懺,靠著微薄的香火錢過日子。但是小和尚一邊唸經,卻不斷地思索著經文難道經典就唸給「入木」的人聽?佛教的經典只能唸唱,不能講解嗎?為什麼要信?難道就迷迷糊糊地信佛?問題不斷地盤旋。16歲那年,小和尚有了轉機,上海靜安寺成立了「佛學院」,他積極爭取了入學機會,雖然離不開佛事經懺的生活,但法師從

〔註112〕釋南亭〈如何健全佛教教育〉,《南亭和尚全集》,頁1～3。

此認識了釋迦牟尼佛及中國歷代的高僧大德,他知道佛典教義是可以解說、指導及教化人間;佛教之所以偏入死胡同,實在是缺乏教育與制度,從此,他發願要好好地讀書,深入佛法的智慧大海。(中略)法師深信要提高佛教的宗教地位,唯有從教育著手,佛教先能確立學術文化的價值,才有機會在現代的社會裡生根。」〔註113〕

　　佛教教育長久以來問題之一,是師資的缺乏,師資的認定也是個重大的問題,學員的素質更是參差不齊,造成教學上的困難重重。筆者也曾忝列佛學院教席 10 年,見過佛學院的主持人一意孤行,不聽善心人士所建議的「辦佛學院當聘請合格老師」,而自認為「我也沒讀過正規教育,也沒任何的文憑,還不是在大學開課,甚至到研究院開專題講座。有文憑受專業訓練過的人至少有一些程度,在與人相處或者在用人上也是一項認知的表徵,難道佛教就沒有各項為了方便行事與認同的表徵乎?舉天主教《梵蒂岡第二屆大公會議文獻》中〈論天主教學校〉一文談及教師的職責為例:「然而為教師者應記取:為使天主教學校能實現其目標及計劃,教師實是非常重大的決定因素。故教師應殷切努力,獲得有文件証明的合格俗世學識及宗教學識,並善用現代發明的教學技術。」〔註114〕第二,有了上述的作風,在教學上就太過保守,偏重於講經說法以及高僧行誼,不重視教史與教理的真實性及其發展性,這種對學員的教育缺乏整體規畫的現象,展現出的是教學不具有深刻的功效,不僅無趣也難具有批判性、啟發性以及洞燭機先的敏睿力、自覺力與創造力。對學員的生活管理,當就其學習的性質來加以規畫,如是僧侶,就少不掉叢林式的生活;如是信眾或一般學員,參與某些層認的法會活動即可,採人性管理,培養其自尊心,激發其向上心。這些學員畢業之後就成為社會的一股清流,進一步改善整個社會,不致於被當今物質化行深的社會所轉。王震武教授在〈佛教徒教育人士的授業與傳道〉文中說:「學佛是在基本的人格條件具足後,才能要求進一步改善。假如一個社會的教育出現問題,大部份的人受過教育之後,更加貪、瞋、癡,離學佛的路愈來愈遠,形成市場化的現象。在種情況下,根本不可能按照佛法的方式去改變別人,用什麼方式呢?付一些代價,永遠是一種交易的心態。很多人學佛並不是因為發現自己什麼都不缺了,接下去該使自己更完美,而是基於活著很痛苦,求以菩薩

〔註113〕《中國時報》第 39 版,民 81 年 1 月 11 日。
〔註114〕天主教協會版,民 72 年 5 月 4 日出版。

保佑，修下輩子的人天福報這種心態。我覺得今天佛教的教化為什麼這麼難推動，基本上是因為整個教育出了問題，我們把學佛的根基弄壞了，慧命斷掉了。」〔註115〕把學佛給學壞了，形成俗世的信仰在崇拜，造成迷信，因此聖嚴法師乃提出正信佛教，而淨空法師則強調弟子規教育的重要性。第三是教團與政府的漠視，南亭法師說：「說也奇怪！中國佛教出家青年會拿著沒有立案的佛學院文憑，到日本，不但可以進大學，而且進研究院，當然，也只限於佛學部門。」〔註116〕「日本本土，佛教大學有八、九所，在台灣卻一個都不肯辦，於此可見日本人的用心。留學於日本的台灣佛教徒，都與日本佛教徒同化，而參加到社會做事，又有了家庭。」〔註117〕第四是被認為迷信與財力問題，關於辦佛教大學的困境，南亭法師在〈漫談佛教（一）〉文中說：「台灣擁有特多田地、山場的寺廟不多，大都和日本的寺廟一樣，靠供靈位、寄骨灰、做法會來維持生活。在這種情形之下，你又叫他拿什麼力量來辦？」〔註118〕台灣辦佛教大學真有難處，無龐大財力，現代的社會或多或少仍視佛教為迷信，所以宗教教育不能如外國與政治、法律等學科相提並論。此外，是教界自己的問題。南亭法師說：「再此關於人才方面，基督教、天主教徒不須像中國和尚、尼姑那樣特別服裝，與持齋茹素。所以能與一般人受到同等的教育，因而個式樣的人才都有。有充分的經濟，有合格的人才，再加上一等強國的氣派來做後盾，開醫院、辦學校，那還不是鼻涕向嘴裏淌——順便的事。」〔註119〕基督教、天主教培養出來的人才，到社會上或公部門發展，對佛教來說是一個嚴重的障礙〔註120〕，但在台灣很多是因為佛學發達而認識教、接觸佛法，但年青人出家者少，是佛教的隱憂；佛教界的內部隱憂，是佛學院各自為政，且並不是每座寺院都能辦理佛學院，而辦理佛學院不能跟院務分開，廟裡頭忙於趕經懺而學生也要幫忙辦佛事。

（三）僧團組織

佛教界一向不團結，從早期有中國佛教會以來就是如此，此外還有尼眾問題，尼眾在台灣很多，已逐漸有形成一個教團的趨勢。佛教是很重視人的

〔註115〕《菩提樹雜誌》第468期。
〔註116〕《南亭和尚全集》，頁333～334。
〔註117〕釋南亭〈漫談佛教（一）〉，《南亭和尚全集》，頁316。
〔註118〕釋南亭，前引文，《南亭和尚全集》，頁316～317。
〔註119〕釋南亭，前引文，《南亭和尚全集》，頁317。
〔註120〕釋南亭〈兩年來的智光商職學校〉，《南亭和尚全集》，頁31。

法性慧命的，更要講究學識與濟化工作，以往教界採師徒制，有樣學樣，不然就是隨機應變因地制宜，難得有整體規畫並得以薪火相傳。從他山之石學習，或用釜底抽薪法來一統體制〔註121〕，白聖法師曾思考過這個問題，但卻有難處〔註122〕，其難處是教派很多不易整合〔註123〕，而中國佛教會在財力與人力都極缺乏的情況下〔註124〕，其行事難以發揮大的作用，在小部份的改革上其成果卻是可觀的，如傳戒與佈道。

佛教要振興，須要一個強有力的教團來領導，但佛教界卻似是一盤散沙，不如日本的佛教與西方的天主教。佛教在光復之後，大德們認為急不可緩的事有兩件，一是土地問題，二是制度問題。南亭法師在〈所希望於中國佛教會者〉文中說：「中國佛教會應向政府及時提出建議和要求，寺廟的房屋、田地、山場，不能與一般地主相提並論，應該於恢復大陸而後，無條件地全部發還，並准許在範圍以內收回自耕。更進一步規定，寺廟財產為教產，使佛教會有權處理，那佛教不但延續了命脈，還有發揚光大的可能。二、制度問題：這裏包括寺廟傳承、宗派純傳承學行考績、出家及傳授戒法的許多事。因為寺廟住持之傳承向來有十方選賢制、子孫系中選賢制、子孫傳承制的分別。此中選賢制本是很好的制度但積久弊生，無形這一寺之財產便為法系人的私有物，不能用之於十方。中國寺廟有宗派，而無系統，不能如日本人之某宗之大本山可以管理所系屬之寺廟。學行無考績，優良者多無名位，不足獎勵。過去濫收徒眾，濫傳戒法，為中國佛教徒人品複雜之主因，降至末流，已成不可收拾、無法統馭之勢。（中略）中國佛教會諸公倘不急起直追，聽他人不聲不響地將佛教放上了斷頭台，那就辜負了全國數十萬僧尼、千千萬萬佛教徒委託的使命。」〔註125〕

在《梵蒂岡第二屆大公會議文獻》中〈教會傳教工作法令——學識與傳教訓練〉一文所提的一些理論，可以給我們佛教界作個參考，其云：「所有傳教士，包托司鐸、修士、修女及教友，都必須按每人的情形加以準備和訓練，

〔註121〕釋白聖〈我對佛制改革的意見〉，《白公上人光壽錄》「民國40年」，頁261～271。

〔註122〕釋南亭〈佛教與革的跟本問題〉，《南亭和尚全集》，頁308～311。

〔註123〕釋南亭〈所希望於中國佛教會者〉，《南亭和尚全集》，頁285。

〔註124〕佛教辦事要有人才與經濟，其困境參見釋南亭〈漫談佛教（一）〉，《南亭和尚全集》，頁312～320。

〔註125〕《南亭和尚全集》，頁284～285。

以免不能應付將來工作的要求。他們的學識訓練從一開始，就要瞭解教會的大公性及民族的差別性。這項原則，不僅對於準備份內職務的每一學科有效，而且對於其他有益的學識也一樣有效，以便對於各民族、各文化、各宗教有一個概括的認識，這不僅是要認識過去，而特別要認識現在的情況。將要前往某一地區的每一個人，都要重視這一地區的傳統、語言和風俗。未來傳教士，極需致力於傳教學，就是認識教會對於傳教活的理論規則，知道歷代福音使徒們所遵循的途徑，以及傳教工作現況和現代為最有效的傳教方法。以上各種訓練，要在派赴的地區內再加以補充，使傳教士更詳細地瞭解各民族的歷史、社會組織及習慣，洞悉其道德秩序及宗教規誠，以及這些民族按著他們的神聖傳統，而形成的對天、地、人的深切觀念。要把當地語言覺得純熟，好能流利準確地運用，而更容易打入人的肺腑。此外，還要對特殊的牧靈需要有適當的準備。應該有一部份傳教士在傳教院，或其他大專學院，接受高深訓練，以便擔任特別職務，同時以自己的學識幫助其他傳士，因為現代的傳教工作中，常有許多困難及許多可利用的機會。此外，更切望各地主教團能指揮一批這樣的專家，並在職務的需要中，利用他們的學識與經驗。又不可缺少精通大眾傳播技術的專家，此項工作的重要，是盡人皆知的。」開證法師在〈從評白老談到我對近代教團的感慨〉文中表明，護教應有法門、寫文章應有禮節與道德以及共同為佛教前途努力，其云：「世界日新月異，時刻在變，外教也在迅速進化中（言無他，他們的腦筋太新、眼光太廣）。反觀我教，有史以來，守古不化，日日退縮，永遠落後，可悲！現在我們仔細分析這次白老建議及討論的幾件事，關於僧伽的，只是其中一小部份，是提出作為參考，徵求教團的寶貴意見而已。（中略）今後如遇不理想的提議，我們最好以私下向其本人直接忠告，並為其提供更好的資料以作參考，請其改正，用不著我們大作文張來責罵。反觀天主教的大公會議，議決神父、修女案，信徒們只聽命於上方的裁決，未見有人責罵，因為文章編集成冊，廣為流布，影響未來佛教的發展，不良的後果太大，這是我們極需謹慎明思之處。」〔註126〕明復法師很是重視他山之石的一些經驗，諄諄囑咐著我，我想好的歷史過程，是可以取采的，因歷史事件的某些模式有可能會重現的。

　　在佛教言教之立場，當前佛教教育的解決之道，實在應該如一些大德所

〔註126〕《白公上人光壽錄》「民國 66 年」，頁 792～794；另見《中國佛教月刊》第
　　　　16 卷第 12 期。

建言的,由一個強有力決策組織來加以統籌規畫,不能再把佛教的前途全然仰仗或歸咎於政府的鼻息,最瞭解與關心佛教作為與處境的還是教界;所以教界不能再各自為政,舉賢與能,由有擔當、有操守又守法的人來辦事,教界各層次人士協力合作來推展各項建設與活動。這也就是佛教進入中國以來還沒達成的使命,即建立健全的僧伽制度,乃至把各種寺院、教理、教法與信眾加以明確規畫。此一目標達成了,則佛教的教育組織即可由佛教會的教育委員會來籌畫,教育委員會可區分為數組,加決策組、策畫組、資訊組、研究顧問組與評鑑組。教育委下的各次級團體,可仿照或依實際需要分組。教育委會員下的各決策組,把搜集、研究、分析、考量過的各種可能的教育方案與意見提供出來,形成一種網狀而金字塔形的決策支授系統。策畫組則策畫整個佛教的教育方案,并與各界建立起密切的聯繫。資訊組負責精確地搜集各大學宗教教育的資料,以及教育機關團體的資料,并建立資訊網路,以便於聯繫不及利於工作推展。研究顧問組則結合學者專家的智慧,當面臨問題時,深入研究并提供解決之道與可行的方案,并定時或不時聚會,發表研究成果或做前瞻性的展望。例如制定宗教法人法,是教界目前迫切需要的,這個研究組就可多方網羅古今中外的各種法規、專書、論文,以及各國政府與團體的因應之道,再針對國情與教界立場提出各項方案,供政府與教界參酌。評鑑組則評估各級教育團體,是否按法規與實行細則推展各項教育活動,並把評估考查的結果反映給上級。

再者,有健全的僧團組織與完善的教育規章,就更能建立一考試制度或資格制度,亦即對於要擔任住持或重要執事者,必須具有佛學院畢業資格者才可擔任,教授師與受戒師改為專職,出家見習生及出家與受具足戒的資格、人數要審慎考核,即基於法性慧命,重質而不在以多為榮耀,學僧交由教團所辦理的學校去訓練,擺開子孫廟的陋習。對於人事、福利皆要本著和合法的精神,也就是依共同管理與機會均等的民主理念行事。要達成這些目標,首當其衝的是制定宗教法人法與寺廟管理章程的問題〔註127〕。政府與教界的情結如何,就看宗教法人法的制定,政府如果重視與尊重宗教,則政府僅依憲法、法令制定一些原則性的章程,其餘事務由教團去處置,也就是說政府居於大原則與外部管理的輔導地位,讓教團有較大的空間去統合內部問題。

〔註127〕有關宗教立法問題的探討,參見吳堯峰《宗教法歸十講》,頁 525～577;另見黃慶生《我國宗教團體法制之研究》,頁 193～236。

台灣的宗教寺院與團體，逐年在增加。寺院管理章程，目前由內政部統籌，這就造成了外行人管內行人事務的現象，對政府形成龐大的負擔，教界也因無力統合而弊端叢生，如三壇大戒的傳授、宗教會議的召開、學術研討會的舉辦、佛教教育的統籌，乃至僧團各層次人員的資格認定與工作之區畫。所以政府大可放掉威權餘習，大方的把寺院管理的權責單位移交給佛教會有關部門去統籌。如此，不論目前廟宇的性質是十方叢林、子孫廟、家廟或官廟，都可建立完善的法人制度。一些不健全的寺院與不合格的人員，可輔導其走上正軌。佛教就能煥發出蓬勃的氣息，推展兼利人我的工作，不致於被訛讒為不事生產、逃避事實的場所與迷信的宗教。佛教界有做不完的工作要處理，懶散與貢高我慢的人勢必不能呆在教團而遭到擯斥，如此教界和合性也會提昇。但自從民國 78 年 1 月人民團體法公布施行之後〔註 128〕，以中國佛教會來統籌形成一個強有力、健全完美的僧團來推動佛教的使命的時代已經過去了。這或許是政府不希望國內產生國中有國的教團，因為如果在政教分離之下，教團可能會影響政府政策的推行。

　　佛教的社會教育，一般是指佛教的法會活動，以及佛教辦理普通教育與各項補習教育。這是中國佛教徒為圓成其菩薩願行，以順應中國政法、社會等方面特殊性質，創造一種與印度不同的方式來遂行其濟化活動。然而佛教興辦普通學校，諸如幼稚園、中、小學、職業教育、專科學校、大學等。然而興辦學校有幾點要注意的，辦學者必須具備專業知識，亦即不能以辦寺院、佛學院的方式來辦學。再者，必須有行政人員來負責校務，在人事與財務管理上都得依法辦理。董事會的人員，最好先由德高望重的高僧大德組成，居士加入董事會者當嚴加考量。一般課程可由教外人士參與教導，但行政主管及大部份的行政人員由信眾擔任，不然遲早所辦的教育機構會變質，甚至流失了。但問題身為佛教徒又是行政人員，更當秉持佛法服務的熱誠，不能貢高我慢地說：我高您一等！這也是當前佛教學院、佛教大學嚴素問題之一，更何況是非佛教徒擔任教師與行政人員，問題就更大了，因戒為一切功德母，但非人人都有正信，或肯而能守清淨戒規。

　　總之，眾生的執迷滯障是很重的，教界如果本身結構與理念不夠健全，不要說想做人天師的菩薩道行，轉化眾生的執迷使趨正業的化民成俗工作都

〔註 128〕有關教會團體與人團法，參見吳堯蜂《宗教法規十講》（高雄：佛光出版社，民 81 年 8 月），頁 476～494。

很難有具體而周延的成效,佛教被誤解、被詆毀為迷信的是必然的。舉一則真實而常發生的故事來說,有一位出家數年在佛學院進修的學僧,業障深重,平日午休或睡眠時常遭魔事,有一次他鼓起勇氣向師尊請教說:「佛經裡面不是說出家眾受過具足戒後,就有多少位人天來護法嗎?為什麼我出家已數年,平日做佛事誦經持咒,信仰不可謂不虔誠,何以還有這種現象發生呢?」長老就笑著說:「自己沒有法,誰來護持!」當前佛教想重振雄風,跟上潮流,首要之務是教界要自我建設、自我教育,正本清源之後,有了和合的僧伽,其他工作能有效推展。其次,才是與政府溝通協調,制定宗教法人法〔註129〕,有了法理的依循,僧團再與內政部配合制訂寺院管理法,當中最要緊的是政府與僧團間權責的區畫。完成上述作業,佛教就奠定了朝向民主化與科學化的初步,教界要因應新時代的腳步,僧伽組織還得先從教育工作著手。再次,全球性的佛教組織,卻是今日時代所急需的,如同海峽兩岸的交流對話,需要一個統一的窗口與當局之授權。

五、他山之石

(一)明智抉擇

當前台灣最常聽到的一句話是:「今日不做,明日會後悔。」解嚴後的社會,追求自由及尊重個性的思潮澎湃,民主化與現代化的呼聲高張。這些本來都佛教標榜的精神,所以教界實有必要聽看看各行各業的內心呼喚與作為,佛教的革新與濟化活動工作方可落實。著名的物理學家裴傑斯(Heinz R. Pagels,1943〜)在《理性之夢》一書「不能言傳的知識」中提到:「科學探索的成功,並非在於他們嚴守一套由哲學家、科學家或其他人所共同建造的規則。他之所以成功,是因為科學的探究像演化過程般,是一個強而有力的選擇系統,科學理論總是脆弱易受破壞,就像物種在環境壓力下容易滅種一樣,因為這脆弱的特性,使科學真理具有足以在挑戰中生存的強度。科學家的技巧(嚴密性,只是其中之一),在強烈批評及實驗測試中得到試煉,即便是科學理論無法存活時(大多數理論最後的下場經常如此),他們所演化的子孫也帶有先前最好的「基因」──一些仍然派得上用場的觀念及想法,很

〔註129〕有關宗教法人機制,參見黃慶生《我國宗教團體法制之研究》,頁 258〜259。黃慶生說:「讓這種宗教法人機制真正符合宗教團體需要,也算是解決宗教組織長久以來各自運作、各自發展,以及政府機關各自為政、各自規範的問題。」

諷刺的是這種不惜以自己的生存為賭注，卻正是生存的保證。所有的科學活動——思考、觀念及實驗——到最後都致力於搜尋對實體的圖像，甚至部分圖像不僅在科學上，就是在文化、技術、商業上，都能有這樣一個豐富而含蓄的構造。這樣的實體圖像，指示我們宇宙建造密碼的新觀念，創造一個超越任何東西的心智圖，我們能直接用意識及儀器理解它。」這如同聖嚴法師在〈正信的佛教是甚麼？〉文中說：「一個宗教的教理，禁不起時代的考驗，通不過環境的疏導，開不出新興的境界，它是迷信而不是正信。」〔註130〕

（二）超然組合

人類是深具生存的勇氣，去面對週遭環境的挑戰然而要緊的是生得有價值，活得有尊嚴，這不僅個人要有相當的智慧，有時還得群策群力去面對，源自中國的道教，長久以就存在著中國人「寧為雞首，不為牛後」的特質，因此多數道教宗派雖被參政者視為選舉時可動員的動力，但平常他們也像佛教與學派一樣各擁「山頭」各有各的動力，隨誰也不服誰，而由當時任總統府資政的邱創煥所主導的「國家發展策進會」，卻有意要整合這些勢力，但平常成立「道教宏揚中心」，讓道教以團體之力，再創道教新紀元，張述芳在〈國策會要擎起弘揚道教的大旗〉一文中云：「中華民國道教會副秘書長張檉說，道教在經過歷史上，幾次外族主要的迫害後，不少教義已然失傳，徒留下道教的儀式在民間，令許多實際已是道信徒的人，只知照著長輩一代代地做，卻不知這麼做的真正意義。所以，邱創煥說，道教宏揚中心就是要將所有教育整理出來，且能使不肖的神棍相對消失，因此，在今年二屆國代選舉前，國策會的人員就開始拜訪國內 78 所大型的寺廟宮觀，表達此一想法並做意見溝通，同時他們也開始著手收集道教教義方面的資料與書籍，且展開網羅傳授教育師資的工作，並積極地尋找適當的上課訓練場地，這些工作雖因選戰而暫告停頓，但他們將於近日再恢復此一工作，他們將在出取得國內大型寺廟宮觀的同意後，召開道教宏揚中心的成立大會。國策會的人員表示，這將會是一個純宗教的團體，因為他們將不會參與該中心理、監事人員的選舉。國策會對這個中心的期望是，藉此將各宗派的教義，保留下不同的小宗旨，但整理出相同的大方向，另外除了多為道教教育有研究的人，共同編纂老嫗都能看懂的通俗的『道教教義文庫』，使道教信徒因為繚瞭解自己在拜什麼，

〔註130〕釋聖嚴《正信的佛教》（東初出版社，民 81 年 9 月），頁 1。

為何而拜，而能恢宏道教真正的影響力。」〔註131〕由教界有力人士或護法來做教團的「整合」工作，達成共識後，成立一個不受政治、金權擺佈的「宗教宏揚中心」，推展教團生存、發展的各項業務，不失為一良策。然身為佛子，誠如心道法師在《神秘的心靈》「蒙娜麗莎的微笑」文中說：「我們的道行，多半是從禪定中發出來的，由智慧裏面去建立的。」〔註132〕踏實地做，此心永不退轉，培養心性的領悟力。目前兩岸交流頻繁，各宗教、教會間形成超然的組合，討論、處理信徒及教團面臨的問題〔註133〕，已經顯得格外的重要。而佛教內部的問題多，一般都缺乏深入的反省與共同的努力，是最讓學界關心的。〔註134〕

（三）民主平等

在專制王權的威勢之下，宗教常受到迫害，如基督早期受到羅馬皇來的嚴格禁止，猶太教長期被迫害，祆教教主瑣羅亞斯德被以異端處死。佛教、道教被中國專制政體強納入政治體系，成立所謂的僧官制度，其教法因異於儒學被視為妖言惑眾、迷信，但釋道兩教自漢唐以來通於民俗，為政者深知難以禁廢，只好嚴其禁約，不使滋漫。〔註135〕辛亥革命以後，由於中央權力失調，宗教各派系在社會上活動劇烈，袁世凱死後軍閥割據到北伐成功期間，秘密宗教與各種有勢力的宗教團體遭受到極大的鎮壓與迫害。一貫道在中國大陸曾歷盡滄桑，巴哈伊教也在發展時經歷一段受難期，但對提昇人類靈性的工作仍然不可或忘。邱家宜在〈光的信徒——在紅塵裡建構者巴哈伊教簡介〉文中說：「一百多年前巴哈伊教的教主巴哈歐拉曾經指出，種族主義是危害最大、最頑固的罪惡之一，其不但破壞人類尊嚴，而妨礙人發揮人類無限潛能，阻礙人類的進步。這種「世界一家」的思想，使巴哈伊教在清末傳入中國之後，被學者以其精神與「禮運大同篇」的宗旨接近，而將其命名為饒富儒家色彩的「大同教」。全球信徒數約六百萬，台灣則有教友約一萬五千人，巴哈伊教的總部「世界正義院」設在以色海法市，正義院由九人委員會集體領導，各國設「總靈體會」，下設地方靈體會，都由九人小組會

〔註131〕《自立晚報》第13版，民81年1月4日。
〔註132〕靈鷲山般若文教基金會，1995年3月。
〔註133〕關於道教會的作為，參見《兩岸宗教現況與展望》「李豐楙」發言，頁307～309。
〔註134〕《兩岸宗教現況與展望》「龔鵬程」發言，頁350。
〔註135〕參見《明會典》之104「僧道」。

務，九人小組成員每年由各地區二十一歲以上信徒中選出，台灣巴哈教總靈體會秘書李定中指出，巴哈伊教在約束信徒世俗生活的教規中，有一個很特別的規定，即不許信徒參與公職競選，及擔任政務等政治活動，甚至教會九人小組改選時，信徒都不准有競選活動，李定中解釋，從政必分黨派，且有權位高低，而宗教是無私無我、人人平等的，所以在靈體會執行此項教規，信徒如遵守，將被排屨行教務的資格，這種政教分際的截然劃分，某種程度是巴哈伊教教義中民主理想的一種展現，巴哈伊信徒的宗教活動每十九天舉行一次，稱為「靈宴會」信徒們在集會中讀經、祈禱，並讓每個教友參與討論會務，由於信徒人數不多，靈宴會多屬小型，內容也十分簡單，沒有繁複的儀式。李定中解釋，在宗教發展史上常出現因儀式或聖典詮釋之爭所造成的教派分裂，巴哈伊教則認為，儀式的追求是本末倒置，每個人可藉由讀經和上帝直接溝通。巴哈伊教主巴哈歐拉曾指責當時宗教界神職人員「不做人類知識天空的星星，反而成為真理的蒙蔽者，」教主巴哈歐拉預言：「除非全人類的團結能穩固地建立起來，不然是不能有幸福、和平及安全可言。」除了相信世界上所有一神之本質同源外，巴哈伊還以更為啟蒙的態度認為，應該消除種族偏見、普及教育、推行一種世界共同的輔助性語言，並致力追求男女平等。〔註136〕目前宗教倫理中的俗世倫理，逐漸被世人所容受；正如台灣，透過佛學〔註137〕與佛教藝術以及名人的提倡、高僧大德的行化，佛學起了作用使得國人越來越親近佛教，佛教成了許多民眾研究、學習的對象〔註138〕，接近僧尼與寺廟被視為迷信的觀念，也逐漸改變成是一種心靈的提升與淨化活動。

　　此外有些教團，很是用心，在台灣努力聚合起諸宗教領袖與學者專家，一起來辦理法會，祈求世界和平，以及強調各宗教互相尊重、男女平等、為國為民的活動，著實不少，且每年都在辦理。這種對個人獨立精神的鼓勵、重視清修以及採取民主方式處理會務教會，類似佛教的上座部，其男女平等的觀念，很值得佛教界去深思，因佛教傳入中國以來，比丘在佛教發展史上

〔註136〕《自立晚報》第13版，民81年1月4日。

〔註137〕釋聖嚴〈台灣佛學研究的紮根者──談周宣德居士〉，《慧炬》第532期（民97年10月15日），頁51～52。

〔註138〕釋南亭〈一個好現象、一個新希望〉，《南亭和尚全集》，頁336～337。關於敦煌學，南亭法師就佛教的根本觀點來看，視其為末藝。而佛教的根本觀點，在五戒、十善，足補政治、法律、教育之所不及。

佔了重要地位，比丘尼的活動一般都被人忽略，然而當今台灣出家眾中比丘尼的比重逐年增加，信眾當中也以女性居多，所以對女性地位與教育，教團也當仔細衡量，邱平在〈巴哈伊的教條刻寫著男女平等的精神〉一文中說：「發源於男尊女卑觀念根深蒂固的回教世界伊朗的巴哈伊教，卻提倡男女平等，無寧是十分值得一提的事，回教根據穆罕默德說：「你可以娶四個妻子，如果你可以平等對得他們的話。」而認為多妻是合法的，但巴哈伊教台灣總靈會秘書李定中卻認為，先知所說的平等並不是光指物質上的平等，而一個男人要在包括精神層面上都平等對待四個妻子，根本上是不可能的。李定中解釋，女性宗教的虔誠度往往超過男性，以巴哈伊教在台灣的教友人數來看，男女比例大概已到達一比九的懸殊比數。不過擔任教務行政的仍以男性偏多，這是因為在中國社會中，女性對公共事務仍有退縮不前的習慣使然。李定中舉例說明巴哈伊教真正關心女性權益。他說，根據教義，如果一對父母的財力只夠提供一個孩子讀書，他們應該選擇讓女孩受教育而非男性，因為女性日後將成為母親，而優秀的母親是人類世界的希望所寄。〔註139〕爭取女尼僧團的平權問題，台灣有很多人在盡力，當中以釋昭慧法師的論題為主，其在論點上就顯得太尖銳，但也因此激勵了很多尼眾的向上心與凝聚力；尼眾在台灣逐漸成為教團中的一股力量，不少僧人如南亭、白聖與悟明法師都很注重尼眾的教育。

（四）濟化活動

中共統治下的中國大陸，仍未具有民主發展的生態條件，一切行事常揣摩領導人的心意，或依據領導階層的心意跟著行事。佛教真的要在大陸弘化有所表現，要等待大陸的民主化後其宗教政策的改變，但這是很遙遠的事。在這種情況之下，龔鵬程說：「民間所有的教團等等，也要對本身的教學、研究、組織和活動的形態，做更多的反省，這是我想到的第一個問題。」第二個問題是，兩岸的宗教交流要雙向，因為大陸佛教本身的自主與生存還很薄弱，須要台灣大力扶助。〔註140〕

而臺灣在解嚴前，因國共對峙，積極從事政治、經濟、社會以及文化建設，亟力突破外交困局，整軍並發展資訊與航太，締造了經濟奇蹟，伺機布

〔註139〕《自立晚報》第13版，民81年1月4日。
〔註140〕《兩岸宗教現況與展望》「第二屆兩岸宗教文化交流座談會紀錄」，頁331～332。

展復國大業，以朝向民主憲政的方向邁進。但長期以來我們復興基地的同胞，因政府的便宜行事，各種形式主義思想氾濫，如解釋臺灣的經濟以及台灣的富足安定的論調，使我們無法正確地認識到我們的社會之現代化發展的本質與性格，也無法具體地去把握發展過程中整體的社會結構與社會變遷的動態，因把這發展所帶來的許多結構性的，乃至非結構性的現實問題給忽略掉了，且無力解決。佛教界處此大環境中，圖變者有之，保守苟安者有之，置身事外者當不在少數，這種現象也存在其他領域裡，而求新求變者的心態如同公共藝術家一樣，是迫切的、考慮很多的，能行的就只有那麼一點點，在別人不看好聲中卻也能爆出雄雄火花來。施並錫在〈時來運會轉的台灣現代藝術〉一文中云：「光復以來，台灣現代藝術的發展總是零星起落的。許多運動如曇花開放般，來的急，去的也快。然而它的成果有限，過程緩慢而坎坷。（中略）解嚴後，整個社會宛若從漫長夜裡醒過來。追求自由及尊重個性的思潮日漸高漲。在民主化與現代化的渴求吹喊聲中，創作者掙脫了長期的心靈桎梏。藝術發展緊緊跟隨著熱鬧滾滾的多元化社會錯綜複雜的步調，迅速而兇悍地邁向百花齊放、自主覺醒的坦蕩大道。可預見藝術新紀元的來臨，將帶來許多連根拔起的重大變革。新藝術必然帶來普遍的嚴重懷疑。早在世紀初便揭櫫個性與自由的美國社會都不能倖免。何況在長期政治壓抑下，普遍民眾欠缺反思能力和藝術涵養的台灣。只因為人們對於所謂『獻身任何前進運動者都不免過激』堅信不移。對於前所未有的改革容易感到躊躇和不安。這是任何從事現代藝術者所必須瞭解的。最近國內藝壇新生代進行了一次整合運動。但願新秀們能以健康明確的理念和日日新的作品見真章。希望廣被人們接受，是需要長時間的努力和耐性。美國學者曼肯在 1920 年出版的《偏見》書中說：「『劣等人和比較簡單的哺乳類動物，他們唯一不變的情緒，就是恐懼。他們恐懼那一切不可知的、複雜的，以及一切不容易解釋的事物。他們最想要的就是「安定」。他們的稟性趨使他們去構築一個社會。在這種社會中，他們不去應付他們所不習慣的問題，用不著權衡思想，不必動用腦筋，也用不著檢視探討自己永遠不變的觀念。』」〔註141〕的確，無稽的恐懼和偏狹的渴求安定，仍是一切進步的絆腳石，不論在政治或藝術文化工作上。印順法師卻說：「菩提所緣，緣苦眾生，這正是發心的時候了。」「我們修學佛法，初步是要對佛法有正確的認識與信念，依這個信念，才能夠一步步向前

〔註141〕《自立晚報》第 19 版，民 81 年 1 月 26 日。

邁進，我們要知道佛法是對自己的身心有利的。」「最怕的是，在這個變動之中，不好好去做，不好好去修，慢慢地會變得不成話了。所以佛法說人生有善有惡，善能感善報，惡就感惡報，人生在變動中，你可以變好，也可以變壞，修學佛法的要這樣來理解人生。」〔註142〕

佛教是最重戒律、自覺、和合的團體，也最能自我批判與寬容的雅量，所以在時代發展中及其流傳的國度裡，能兼容並蓄地吸收各種文化與風俗民情，以行其弘化工作，「傳統與現代化」或「傳統與民主化」僅是其關心的主題之一而已。然在目前台灣的教團卻被視為「還沒建立起讓大家公開且心平氣和發展意見的文化環境」，如此就很難分析傳統，研究現代化的模式。當今醫學界也已成立了「台灣醫界聯盟」，未來的工作綱領以「民主與人權」、「教育與文化」、「醫療與醫政」、「環保」為四大重點，聯盟成員無分黨派，將以專業精神提昇台灣人民的尊敬及生活品質。這些工作以往也是佛教例行的活動，鬆散的教團組織整合不了力量，次級組織也就個自為政，不守法的情形就層出不窮，教團自身難保更無暇去應治。林俊義教授在〈有什麼樣的政府才會有什麼樣的人民〉一文中，有些可讓我們教界省思的話語：「天生基因只是賦予人可能變化的潛能，生後的各種有形無形的環境才是決定人的行為最大的因素。賄選或賣票的行為決不是台灣人天生的惡性，而是長大過程在惡性政治、社會、教育、文化、法制的環境下鼓勵出來的。君不見林柏榕市長所謂的天生『不守法』的台灣人，一到美國後就循規蹈矩，不敢闖紅燈了嗎？這是什麼原因呢？台灣人一向對公共事務十分消極被動，也是歷史環境使然，因此台灣人的行為很容易被塑造。政治、法制環境清明公義，人民就守法不阿，（中略）事實是，有什麼樣的政治，才會有什麼樣的人民！」〔註143〕

「什麼樣的政治，才有什麼樣的人民。」「什麼樣的政治，才有什麼樣的宗教。」雖然患上形式主義的模組，但也算得上是「語重心長」。連反共義士在台，都感染成玩票組、炒房地組，甚至淪落到做出喪盡天良的殺人勒索的勾當。佛教雖說相由心生，但一般人是很難去轉化「共業」的，或許我們可說：「有什麼樣的僧團，會有什麼樣的釋子！」僧尼與教徒之間，這是業力所

〔註142〕陳志銘整理〈印順法師開示〉，《覺風季刊》第26期（新竹：法源寺別苑，民81年12月），頁40～41。
〔註143〕《自立晚報》第3版，民81年3月11日。

感的，不單只是教化問題。于斌在《梵蒂岡第二屆大公會文獻》序文中說：「梵二大公會議的召開，給教會打開了新的里程，10餘年來各項革新都在蓬勃地展現，以適應現代人類的需要，使我們深切體驗到天主聖神的臨在，他的風吹遍了基督的教會。這些年來，我們也清楚地看到，梵二大公會議的文獻，尤其是四大憲章，確實發生了積極的作用，深刻的影響，如果說這些文憲的確發揮了啟發性的，先知性的，指導性的意義，決不為過。例如教會活力的增加，教會對現代人類發展及社會問題的關懷，禮儀生活的革新，教友傳教組織及工作的普遍展開，牧靈工作的革新，地方教會的建設等動大現象，都說明教會在適應現代人類及當地文化的需要，使福音能繼續發揚光大一事上，所表現的苦心有多大多深，相信在天主聖神的領導及推動之下，這番苦心快速地結出豐富的果實。」有人說：「當個先驅者，是很痛苦的！」尼采卻說：「我願當真理之光，照破那傳統的謊言。」其要人們自覺而高唱「上帝之死」，是何等的神勇，當代人視其為瘋子，後世則奉為超人。當個先驅者，與其說是痛苦的，不如說是悲苦的——有統觀的智慧，有前瞻性的見解，還有悲天憫人的胸懷，回到故鄉都覺得一切變色了，故鄉充滿五顏六色、充斥瓶瓶罐罐，我已經不認得故鄉，故鄉離我是那麼地遙遠！但要回到原來的模樣，還是要一番整理的功夫。這也是佛教常說的菩薩。當今破脆枯萎的子孫廟的組合，已很難因應時代的潮流，健全的僧團組織勢在必行，除此之外借用「發現台灣」一書所吶喊的一句話：「沒有歷史的深厚基礎，沒有後來者對先行者功過的客觀認可與虛心探討，現代化的努力只是空中樓閣。」而當前佛教徒，已深具智慧與經驗，能善用文藝、園藝、環保等活動，來淨化人心向善，此外還能配合著政府的政策主動協助災難處理以安定人心，以及到監護犯人的地方去開導群迷，并能善用媒體撥亂反正，開導佛之知見，這都在在顯示出佛教在社會弘化的成果與淨化人心力量之巨大。

六、結論

政府播遷來台灣之初，台灣佛教徒佔的人口數不多，社會上大抵流行著一些民間信仰的崇拜，但信徒則以佛教徒與基督徒的教育程度較高。瞿海源教授認為，這顯示「中國佛教在傳統上對中國知識份子具有較強的親和力及吸引力，現代教育的世俗人文主義並未對現代知識份子尋求宗教上的超脫產生負面的影響，或許佛教本身的某些重要特徵，如自力等並不與現代教育有

所背離。」〔註 144〕台灣光復之初,在信仰的人口數上,「約有九成五以上可視為中國民間信仰的信徒」,「台灣在第二次世界大戰之後,中華民國的中央政府播遷來台,同時有大量的大陸移民遷入,從中國大陸移入的宗教亦為數不少,在加上快速的經濟和社會變遷,台灣的宗教有相當劇烈的變化。」然「中國傳統宗教在 1970 年以前成長緩慢,至少在寺廟數目方面是如此,之後卻有顯著的成長。」反觀民間信仰,從光復之初到 1985 年間,少掉了 30% 的信徒。傳統宗教的發展,衝擊著民間信仰的生態與分布,「比較具有地方性的神祇則日漸衰微,而不適合現代社會職業分化需求的行業神也漸沒落」,「觀音和媽祖這兩種普受民眾崇拜而又較具普世性的神佛,則維持歷久不衰的狀態。」〔註 145〕但如同聖嚴法師說的,民間正信還不是那麼普及。

佛教在台灣興起,面臨到庶民信仰、新興宗教,還有政治選舉以及媒體文化的衝擊〔註 146〕。民國 85 年發生了中台禪寺事件,宗教界才一致發出了省思的聲音。張春華在〈以出世心情入世、宗教問題攤開談〉文中說:「聖嚴法師指出,很多人把矛頭指向惟覺法師,其實惟覺是無辜的,雖然他在若干層面也應該負責。他說惟覺法師自己有這麼多的信徒,可以一呼百應,他在山中長期修行,宗教生命體驗十分深刻;然而他缺少的是對歷史教訓的了解;那就是歷史上佛教徒在面對世俗的退讓。」〔註 147〕一般佛學院學生,只重視高僧行誼的課程,較輕忽中國佛教史,但重視佛教教育的明復法師則說:「惟覺法師是老修行人,但卻不懂得世俗事務的處理,也不大懂得歷史教訓。」

〔註 144〕瞿海源在〈台灣與中國大陸宗教變遷的比較研究〉「台灣地區宗教變遷概況」文中說:「根據 1984～5 年的台灣地區社會變遷基本調查的問卷資料,大致上可以估計出各類宗教信徒所佔的比例,即:在 20 歲以上 70 歲以下的人口中,有 65% 可認定為民間信仰的信徒,11% 為佛教徒,9% 為無宗教信仰者,7% 為道教徒,5% 為基督宗教的信徒,% 為其他宗教的信徒。這種分布現象作進一步的分析後,可以發現更多宗教發展的社會意義。」(林本炫編譯《宗教與社會變遷》,頁 393)

〔註 145〕林本炫,前引書,頁 392～395。

〔註 146〕《白公上人光壽錄》「民國 69 年大事——社教」,頁 856 云:「佛教界人士呼籲大眾傳播界,不要對一、二不肖佛教人士的不軌行為大肆渲染誇張,致使社會大眾對整個佛教界誤解。」《白公上人光壽錄》「民國 71 年大事——社教」,頁 902 云:「中國佛教會於 8 月 13 日向新聞局陳請,說明正在台灣各地放映之『新火燒紅蓮寺』影片,晦淫晦盜,誇張暴力,嚴重商害社會風氣及佛教形象。該局當即通知即日下片,不得放映。」

〔註 147〕《中國時報》「社會脈動」7,民 85 年 9 月 16 日。

在台灣，出家如同聖嚴法師說的：「被認為不是正常的生活，比起西方宗教，佛教徒是比較消極。」〔註148〕這與台灣社會，還重視中國儒家倫常有相當的關連性。對於這個事件，與會人士就討論到宗教本身自律的重要性。聖嚴法師說：「宗教師就很容易被信徒供養而神化，產生墮落、自我膨脹，覺得自己有特權。（中略）在出世與入世之間，宗教的確很容易遭到誤解引起爭端。而要以出世的心做入世的事業，首先就要讓世俗接受、了解。傳教的技術層面，若干程度上其實是溝通。外界有時也想揭開宗教上的神秘面紗。」當時的中國時報社長黃肇松表示，「這個事件，是媒體與宗教互動的個案，但也顯示了雙方對彼此的了解非常不足。」他建議，「宗教除了自律之外，也要與社會互動，取得與社區的和諧關係；此外，宗教本身形象的建立，很是重要，像天主教的光啟社就是一個很成功的例子。同時，媒體對宗教深度與更專業的報導，也是應該加強的。」〔註149〕媒體與新興宗教的問題，在台灣一再上演，有些修行人被媒體大肆宣傳、報導而走紅了，如盧勝彥，但其後來轉變形象創立真佛宗。新興宗教是台灣宗教社會的現象之一，這是因為台灣人喜歡靈聖的宗教促成的，而各宗教也有其魅力緣故，但後來卻發生了宋七力、妙天、清海法師的事件。清海法師的問題，在《獅子吼》月刊上早有韃伐，但台灣有些民眾，因受其儀態、口辯還有神通術等因素，而心迷、痴狂於她所在見。清海稱無上師，引發佛教徒的爭訐之外，妙天稱禪師，更是問題。林家群在〈一個不是出家人一個是社會問題〉文中引星雲法師的話說：「黃明亮就是黃明亮，何必要以禪師稱呼，他又不是出家人。至於宋七力案，明明是社會問題，不應該把它說成宗教問題，害得宗教界很麻煩。」星雲法師認為，「媒體必須為某些宗教事件負責，台灣社會最重要的是要講尊重。」〔註150〕這些語重心長的話，少人體會到，媒體還是不斷對於宗教醜聞、宗教斂財，還有假和尚假尼姑的情色報導，這大大影響到佛教給世人的觀瞻。而宗教與政治問題，在台灣也是一個羅生門，光啟社丁松筠神父表示，「只有遠離政治，把政治人物當成一般信徒，當他們進入教堂寺廟與其他信徒無異，這樣才能回到宗教的本質上。另外，在經典的研習，也才有助於宗教的回歸本質。」〔註151〕這兩

〔註148〕《中國時報》「社會脈動」7，民85年9月16日。
〔註149〕同前註。
〔註150〕《中國時報》「社會新聞」，民87年5月13日。
〔註151〕《中國時報》「以出世心情入世、宗教問題攤開談」，民85年9月16日。

點，依然是台灣佛教發展中的大問題，但這也是台灣宗教團體內部要規範與教育的問題了。宋七力、妙天、卓大師等，與佛教所說的禪碰上邊的問題，現在媒體與知識份子大抵釐清了分際，他們要各走各的路，跟佛教全無關係了。但目前社會還彌漫著一股神壇算命風、密法通靈風，不少佛教徒還是痴之若狂，好奇心或為某些欲求，彷彿民間信仰的巫術在人類集體無意識中，還有著那一點難以怯除的因子，對迷情者來說是很難割捨的，但歸根來說這真要靠佛子自身的自律了。現代社會人心越亂，想追求心靈平和的人越來越多，很多佛教教團也朝著這個方向在努力，越來越重視華嚴淨土思想，如淨空、聖嚴、證嚴、心道、星雲法師等，這些團體如今都被稱為推展「人間佛教」的團體〔註152〕，但都深具成就。淨空法師在佛教衛星台弘揚淨土法門，一說就是數千集，以勸人念佛同生華嚴願海。法鼓山推動的，是大乘漢傳禪宗，思想層面上是自利利他，在運用上是具足彈性的，辦各項心靈活動，強調「心中蓮華，潔淨無瑕」，「凝聚願力光點」〔註153〕，期使能與世界接軌。〔註154〕聖嚴法師「希望藉由佛首重回原地的活動，達到拋磚引玉的效果，以無私無我的精神使人心重新淨化；此活動不但促進兩岸宗教文物的交流，也具體呈現心靈環保的教育精神，更獲得聯合國教科文組織的肯定。」〔註155〕法鼓山也在兩岸的大學設立「法鼓人文講座」，楊雅穎說：「由於大陸現階段社會正進步、物質生活水準提高，心靈提昇的需求也與日俱增，如果從大學院校帶起心靈環保的風潮，未來肯定能對大陸發揮正面的助益。」〔註156〕勞思光院士在台大講座上說，「中國人眼中美好政治，其實是生命人格正心的延續，政治問題不過是道德問題的擴張。」〔註157〕

至於慈濟，早期很多人士表示說：「聽不懂她在說甚麼？」有佛菩薩加被，她的話語越來越明晰了。說：「一念無明生三細，一心真實，破六粗；直捨方便，入菩薩道，直心即道場；大愛即眾生，合心於父母於兄弟，心包太

〔註152〕參見闞正宗《重讀台灣佛教》——戰後台灣佛教續編「第五章人間佛教的區域性格與國際化趨勢」、第六章「結論」。

〔註153〕《法鼓雜誌》「焦點報導」，2002年11月1日。

〔註154〕《法鼓雜誌》「要聞」——〈師父對僧團講法鼓山所弘傳的禪佛教〉，2004年12月1日。

〔註155〕《法鼓雜誌》「要聞」——〈法鼓山獲頒從事兩岸文教交流績優獎團體〉，2004年12月1日。

〔註156〕《法鼓雜誌》「要聞」——「法鼓人文講座」，2004年12月1日。

〔註157〕同前註。

虛，周遍法界。」證嚴法師且說：「凡夫就是喜歡追求神奇鬼怪，心才會亂。其實修心很簡單，只要斷貪，哪一個心亂不是為了貪。」〔註158〕「慈濟的所有文化，隨著現代化的傳媒進步，從不同角度層面呈現出來，更能普遍人心。」有慈濟人的地方，就撒播清淨種子。證嚴法師說，「期望跨過二十世紀後，慈濟文化更加深植人心，淨化人心，在二十一世紀創造出人間的淨土。」〔註159〕至於靈鷲山，心道法師說：「歷年以來，我們一直強調尊重每一個信仰、包容每一個族群、博愛每一個生命，來共振共鳴廣大的社會。愛與和平的目標上，靈鷲人以禪修宗風，推展華嚴的願景，我們的四眾弟子同心合力以生命服務生命、生命奉獻生命累積修行的資糧，建立廣結善緣的循環網路，從無生道場總本山延伸到各地的閉關中心，以及弘化據點，我們已經逐漸結界出一個安定辦道的佛國淨土。」〔註160〕而心道、星雲、惟覺法師教團，都曾用靈感事跡來吸引大眾來信佛。1990 年 9 月星雲法師在佛光山，寫下「淨因淨果」的名人字體來；他一直想佛法變得人人可以親近，不畏人說其參與政治，但說行事原則是：「從遠處著眼，從近處著手，從疑處用心，從拙處力行。」〔註161〕「心包太虛，量周法界」，他來生還想當和尚。〔註162〕南亭法師勸人出家，其說：「出家好！」人卻大搖其頭，其嘆曰難怪古德會說：「出家者，大丈夫之事，非將相之所能為也。」年青人喜歡學宗教學，跟此人入佛門大異其趣，南亭法師說：「如武人，拿起刀槍上得戰場，攻擊敵人的時候，可以捨生亡命；一放下武器，就惟食、色是求。你叫他斷欲、去愛，可無法辦到了。」〔註163〕南亭法師不愧為大和尚，他老人家把出家眾的僧尼跟在家居士，分得明明白白，不僅是看透他們的心態，也講究對他們的教育。我想明復法師亦然，都高尚其志了。

　　整體觀之，台灣每個山頭都有其聖山計畫，各有其志業，各有其和平、清淨種子，發揮其對社會的愛心活動。這種所謂的人間佛教宗風，其實僅是師家度化大眾的門風，還談不上是從上所傳正宗的所謂師家門風，但卻深具

〔註158〕證嚴法師《靜思語》第一集上卷「靜思晨語──點燃我們的心燈」，《慈濟文化》，2002 年 9 月，頁 26。
〔註159〕《中央日報》「副刊」，廖咸凌〈證嚴法師人間行腳〉，民 90 年 6 月 5 日。
〔註160〕〈2006 年師父新春文告〉，《有緣人》第 135 期「生命教育」4，2006 年 1、2 月合刊。
〔註161〕符芝瑛《傳燈──星雲法師傳》（天下文化，1995 年 2 月），頁 344。
〔註162〕符芝瑛，前引書「生生無悔」，頁 348。
〔註163〕釋南亭〈如何引導青少年出家〉，《南亭和尚全集》，頁 373。

有普世的人間關懷，堪稱是「俗世宗教」的良好典範。人間佛教，是民國以來破脆枯萎的佛教教團一種「救亡圖存」的改革活動〔註164〕，其間最大的衝突，是乍看之下與傳統緇素的理念是有所背離，但畢竟佛教徒都有其最終的關懷——解脫成佛，但成佛之道對一些人來說是遙遠不可及的，佛教僧人隨著信徒的心念處地不同，有著種種前行的施設，也是一種善巧。聽教奉行，去惡揚善，修道求自我解脫，此乃傳統人天教；但世人隨著文明的發達，越發知曉除了個人別業之外，還有共業的存在與重要性；佛法不離世間覺，同發愛心，同願同心，共創人間樂土佛國。化穢土為淨土，就在當前，使人對佛教產生信心，這也是佛教禪修中彼有、此有之心意識活動傳統理念的俗化與具體化的一種表法。

台灣的佛教教育，隨著時代環境的變遷，而有所不同，如學制上有多層次的差別，師資仍然難尋，管教方面也要改善，教育人員對社會習氣也要多加了解，方能培養出真正道人及出家人的氣質與風範，來領導大眾，取之十方，用之於十方；目前，居士學佛很是普遍，且熱心護持宗教，但「沒有僧人的自我修持、身心莊嚴，很難轉大法輪」，因「佛法的住不住世，是扛在出家人的肩膀上。」〔註165〕佛教的財產，是三寶物，不能挪作私用，但在山頭主義作遂下，佛教資源沒有獲得良好的整合運用，沒辦法有大格局的伸展，想辦學的人經費拮据，不辦學的人，寺產卻是一大堆；甚至「現代社會上有許多亂象，尤其是假冒宗教之名的，對教團的傷害極大。」圓光佛學院院長如悟法師感慨的說：「為了讓佛法裡的菩薩行，能在社會上長久生根下去我們一定得獲得群眾的支持，環境與我們密切相關，這是不能忽視的重要問題。」「從歷史上看，僧團的結合，才會產生力量，那一定要有制度管理，個人勢力太強，在台灣這樣一個小小島上，並不是一個永久的方向。」〔註166〕

〔註164〕闞正宗《重讀台灣佛教——戰後台灣佛教續編》「第六章結論」，頁485。
〔註165〕釋如悟〈我對僧教育的一些看法〉，《佛藏》第13期，頁2～5。
〔註166〕釋如悟，前引書，頁5。

圖 2-1：仁王護國法會圖

圖 2-2：宗教界與社會人士對談

圖 2-3：星雲法師談宗教亂象

圖 2-4：佛化婚禮

松山寺舉行佛化婚禮之新郎趙雷平、新娘林瑤真，
由主婚人靈根法師主持灑淨。

圖 2-5：佛法與養生

圖 2-6：金寶山的磬

第三章 民間信仰與神壇現象

提要

　　台灣的宗教信仰繁多，山頭林立。星雲法師在〈提唱禪淨雙修〉一文中表示，雖然有人批判台灣的山頭林立，他卻寧願朝正面的方向去引申它們。星雲法師認為：「山頭多表示佛教興隆，足以適應各方面不同的需求。」〔註1〕在內政部編印的《宗教簡介》一書的序言中說：「我國自古以來，對各種正信宗教的信仰，多採取自由開放的態度，對其活動殊少干涉。現今在我國，不論是源自域外之一神教，如基督教、回教，或本土固有、神祇眾多的民間信仰，都能有發展傳播的立足之地。」內政部肯定正信宗教的功能與價值，乃說：「國內的宗教，不僅題供人們性靈的依歸之所、授予大眾安身立命的哲學，在社會公益事業之興辦亦有鉅大的貢獻，且將慈善的援助播及海外。（中略）希望本書的編印，能增進社會對正信宗教建立正確的認識。」〔註2〕

　　而民間信仰，部份已成為庶民日常生活的習俗，也可以說是一種禮俗，當中存在著大量超自然的現象，而非理性科學層面所能剖清它的面紗，導致於信者恆信，不信者恆不信，並且不時產生一些社會問題。因此，有人反對他人讚揚或稱說民間信仰有其功能性。對此，符芝瑛在〈包容民間信仰〉一文中說：「基本上，星雲絕不仗恃正統，自命清高。相反的，對於媽祖、土地、城隍等民間宗教都抱持尊重包容的立場，也肯定他們端正人心的作用。不過，對於那些濫設神壇，騙財騙色、煽惑人心的神棍則在不包容之列，因為

〔註1〕符芝瑛《星雲大師傳》「心包太虛大格局」，頁288。
〔註2〕民92年12月編印。

—85—

他們已屬於星雲所說邪信的範圍了。」〔註3〕群眾有其「集體無意識」，您說她們迷信邪食，她們會辯稱說您污衊神靈，說它們（乩童或靈乩的宮廟）蠻靈驗的，結果會各說各話，套句佛語來說：「是薰習的關係，根性滯迷已是久遠，見識有別，使之然的。」即使是目前登記在內政部有案的宗教團體，從其宗教行徑與活動當中不難發現有些依然還存在著神跡、神力的降臨，以吸引信眾來信受，並處理問題。亦有人學佛，修行上出現了感通，在這一論題上，明復法師主張修行人要以「緣心不起」為佳。

對於感通與民間信仰，聖嚴法師在〈可靠的修行方法〉一文中說：「對於異象與感應，應把它視為學佛的一個過程，不要去執著它，而要漸漸的淡化它，這才是真正的入門修行。（中略）學佛行，如果一直停留在特定的感應與靈異階段，那便是落入了民間信仰的層次。（中略）至於受到靈體附蠻的個體，可能出現二種狀態：一種是通靈的當事人，會喪失自我的意識；一種則是當事人很清楚靈體的進入，而自己的意識也很清楚，但不能作主，無法掌控自己的意念。而絕大多數的通靈者，乃是屬於後者。如果修行的程度不深，或者是修行的觀念不正確，時間一久，其他的靈體也可能會找上附蠻。」〔註4〕法師所講的，道門稱之為後天與先天通靈，還有行者一不小心，變成群邪入侵、佔據其身心，整個人會恍神而產生大的禍害。

對於神壇巫術問題，明復法師在〈關於訂立台灣地區神壇登記法規的問題〉一文中說：「神壇的紛擾，本為一極單純的宗教問題，應該不致於變成難解的死結。宗教原有明確的高下層次，神壇在宗教範圍內，是種最原始的巫覡方術之教，唯因心人類的宗教信仰不盡然建基於明智的審辨與抉擇，故而不論何時何地，最原始的宗教皆可能與高級的宗教併行無阻。這種低層次的宗教在高度文明社會中，縱使不被人用來為犯罪的工具，其信仰在心理上也是有百害無一利的，但又不是僅憑道德的責難或刑罰的懲戒所能有效遏止的。唯一的解決辦法，是以高級宗教理論與修持，啟迪其正當的信仰，促使情操的昇華。」〔註5〕明復法師是站在心靈提昇的立場上來談神壇的功能，但一般無宗教修持概念與興趣的百姓，卻都講求實惠現利，有時神壇巫術可以滿足其部份的需求，當然事事求神壇也是會有危機存在，輕者破財，重者失卻法

〔註3〕符芝瑛《星雲大師傳》「心包太虛大格局」，頁292。
〔註4〕《法鼓雜誌》「耕心成長」，2003年4月1日。
〔註5〕《明復法師佛學文叢》第一冊「宗教禮俗業務作法的研討」，頁61。

性慧命。明復法師接著說：「若欲謀根絕巫禍，需要促使道教從速振起，以道法與戒律給巫師乩童以正常的宗教陶冶與約束，使他們走上正途。至於已經干犯法紀的，政府應該依法嚴懲，並限制他們不得繼續從事宗教活動。這是對宗教的尊重，自不可以越俎代庖論。」〔註6〕這同樣是談到宗教本身要自律的問題，但台灣的佛、道教團本身不論是組織或是財務就不是很健全，所以這些問題有心人士一時想整理也是釐不清的。

本篇文章分七個單元，來加以論述，還包括一些代表性的神壇、宮觀、道場的考察。一是「緒論」，提到對宗教的本質、宗教現象及層次與差異性的認知。二是「宗教與神壇」，內容包括正統宗教的巫術色彩、社群活動、功能上的差異，最後談到管理的重要性。三是「台灣寺廟文化」，述說信仰民俗化、寺廟觀光化的情形。四是「巫覡與神壇」，從降神附體、靈媒的產生與修為，最後談到審慎判斷個中微妙與真實情形是必要的。五是「儒釋道對巫覡乩壇的觀感」，從古來讀書人對鬼神存畏慎心、鬼神亦有錯失處、鬼靈的神通，最後談到對乩壇應有的認知。六是「從神壇之路到信徒之路」，拜文明科技傳播之力，一般信仰者對存在問題發出省思，管理宗教者亦然，慢慢把重心放在對社群的影響力上，使得一些神壇宮廟道場產生了一些革新與心靈上的提昇。七是「結論」，概述台灣的宗教信仰狀態、神壇的性質及其轉化，最後談到政府輔導、管理與教育的重要性。

一、緒論

巫術不論是古代或是現代，它仍是一種文化體系，在原住民或遠古的民族生活中，它可能是一種常識；但隨著人群的活動，以及意識的覺醒，生活中巫術的成份淡化了，但巫術作祟，對一些人來說或許存在，但常民的生活中的常識則少有巫術的成份，如說宗教或科學是另一種巫術也可以說得通的。美國文化人類學家克利德‧紀爾茲在〈常識乃一文化體系〉文中說：「巫術的概念之所以取得其意義與力量，正因為它是這套常識性的預設所編成的謊言的一部分，而非因為它屬於某種原始的形上學。對於一切有關巫術在黑暗珠像螢火蟲一般四處飛舞的言談，巫術並非用以附會一種可見的秩序，而是用以認證一套可見的秩序。」〔註7〕

〔註6〕《明復法師佛學文叢》第一冊「宗教禮俗業務作法的研討」，頁62。
〔註7〕克利德‧紀爾茲《地方知識──詮釋人類學論文集》，頁114。

在台灣宗教信仰很盛，跑神壇、會靈山、拜拜或者是皈依、灌頂活動，已是一種很普遍的宗教信仰活動。人們穿梭在神壇、寺廟、諸宗教信仰中，而不是篤信一個上師、僅接觸一種宗信仰，跑廟宇拜神明、禮敬法師、祈求平安，變成是一種生活常態了。而宗教團體，有其信仰與實踐的體系，還有自認為是神聖的與超自然的東西，並對之做出某種反應。〔註8〕就社會學的角度來看，它是一種特殊社群的組合，就政府管理者的立場，則當善加看待。一般人定義宗教，其功能不外說它是一種勸善懲惡，一種心靈上的慰藉罷了。因事實易見，因果難明，宗教信仰對不信者來說，是一種迷信，一種迷失，尤其在科學唯物論者的觀照下，出神說成解離，神通解為想像，中邪說成人格分裂，較為理性者則說宗教除了道德規範與自我提昇概念之外，也深具有巫術、神通等超自然的現象。對佛教來說，這些都是如來藏的變現，是人類八識田的習染與作用，由作用可以見性。如根據《聖經》，人生來就有關於神的基本知識，但是模糊而散亂的，憑著人們的想像與經驗，發展出各種的宗教體系〔註9〕，還有穿著附會的末世傳說在流行，跟原始的巫術與科學觀的說詞相呼應，也影響到不少人的憂心。

宗教的現象，是人類由古至今林林總總心性的一些表徵。從古迄今，民眾總是妄意求福，想從神明那裡討些實惠，所以侯杰說：「宗教家為神靈設計的等級體系，在民眾眼裡並不是十分重要的，因為凡是他們求助的神靈，都無一例外地得到供奉。」〔註10〕柳立言博士在〈道教與佛教〉一文中說：「流行的佛教和道教，只能算是世俗的或民間的佛教和道教，深奧的部分屬於高僧和有道之士。一般民眾所關心的，通常只限於跟現實生活相關的信仰。」〔註11〕神壇信仰，從純粹理論與邏輯上著眼，其宗教內容一般學者可能視為「不值得一笑」，更何況是研究，但見其流行的廣泛，信眾的繁多，從「心理的觀點」和「社會的功能」上看來，我們不能不承認其現實性與重要性。〔註12〕當中研究與實踐是學人所關注的問題。

此外，我們民間信奉的神明信仰，融合著儒、釋、道與自然物崇拜等多

〔註8〕羅納德・約翰斯通著、尹今黎等譯《社會中的宗教》（四川人民出版社，1991年1月），頁23。

〔註9〕羅納德・約翰斯通，前引書，頁38。

〔註10〕侯杰《中國民眾宗教意識》序，天津人民出版社，1994年。

〔註11〕黃寬重、柳立言《中國社會史》（國立空中大學，民88年8月），頁312。

〔註12〕李世瑜《現在華北秘密宗教》「吳澤霖序」，古亭書屋發行。

元層面。由個人信仰、修持上看，也有著層次或次第的差別，以及雜糅的現象，「呈現出盤根錯節與內容宏浩的文化格局」。〔註 13〕我們的文化，從傳統到現代，我們的信仰也由傳統轉折出來，因革損益下而能在現今社會各個角落上流布與傳習，勢必有其意義與價值存在。因此，身為現代的知識份子或宗教信仰者，對其所崇拜的對象、神壇的現象以及社群的心態，也應有科學與理性上的認知。

二、宗教與神壇

（一）巫術色彩

當宗教與科學發生對峙時，有人以為巫術比一般的宗教更接近科學。〔註 14〕正統的宗教，除有其教理上的宗本之外，對教主的推崇，靈光以及救贖的強調，是共通的現象。此外，為渡化世俗，讓人起信，教理中不時也雜糅著神跡與神通等一般人視為不合理性的神秘經驗或法術活動。羅納德·約翰斯通在〈宗教與巫術的關係〉文中說：「事實上，很少有宗教不多少帶點巫術的因素，就像巫術很少會離開那些合法的、大規模的宗教體系而進行活動那樣。」〔註 15〕而巫術與宗教的區別在哪裡呢？楊知勇說：「原始巫術與宗教的區別，在於原始巫術沒有神靈觀念，是依靠自己的力量去實現願望，而宗教則是建築在萬物有靈論的認知基礎之上。通過對神靈的祈求，依靠神靈的力量實現願望。」〔註 16〕從巫術走到宗教，是人類文明上的一大腳步。

而神壇信仰，則更具功利性，方使其能夾雜在正統文化與諸宗教信仰下生存〔註 17〕，發展出各自獨特的人神溝通方式，乃使現實與幻境交織、神通與亡神難辨、斂財與濟世併存的現象發生。神壇除了禮拜之外，更重視巫術的行使，至於巫師的特徵，以及所進行的工作，合法與否的問題；羅納德·約翰斯通說：「巫術則是典型的個人的事情——可以說巫師面對世界。當然，重要的是要認識到，巫師在一個群體中進行自己的工作，就實際意義而言，是這個群體允許這個巫術師進行工作。因此，即使這個巫師是單獨工作，但其

〔註 13〕金澤《中國民間信仰》（浙江杭州教育出版社，1995 年），頁 237。
〔註 14〕柳立言〈宗教與民間信仰〉，《中國社會史》，頁 291。
〔註 15〕羅納德·約翰斯通《社會中的宗教》，頁 29。
〔註 16〕楊知勇《宗教、神話、民俗》，四川大學出版社，1992 年。
〔註 17〕鄭志明《台灣民間宗教論集》（台灣學生書局，民 73 年），頁 172。

工作仍是群體所允許的。」〔註18〕這也就是說，私設神壇施行巫術事，關涉到聖與俗、合法與理性、個人與社會諸問題，碰到真假、財物施受等爭執問題，就如同民間常說的：「清官難斷家務事了。」

（二）社群活動

台灣的宗教，走過了日據時代，由社區為主導的寺廟形態，到了光復之後大陸的士民一直播遷來台，帶來了不少的分靈式的宗教神祇，由於政府的節約政策，使宗教禮拜的性質有所改變。受政府宗教管理政策的影響，使得台灣廟宇的發展走上自力更生的道路，但隨著經濟的發展，台灣廟宇林立，大街小巷乃至於山區墳場附近沒立案的神壇隨處可見，居家所設而又有信徒的佛堂或神壇，也不計其數，這些共修或有法會存在的組合，不全然僅是社區人的信仰與活動。

目前的台灣，社區活動很盛行。但黃光國先生在〈社區的異化〉一文中說：「目前台灣社會最需要的是社群主義，而不是社區主義。」〔註19〕這關涉到社區廟宇文化的薪傳與開創問題，如何把它融入國人生活腳步的問題，以及大眾士民在心目中如何定位它們也是一大問題。

關於神壇的發展，鄭志明教授在〈台灣光復後的宗教流變〉一文中說：「台灣光復以前，民間鸞堂的宗派極為單純，不是屬於南宗即為北宗，而且著重於民間倫理與道德的勸化（中略）。台灣光復以後，又因大陸淪陷，原有的民間教團也徹退來台重新出發，一時教義相似的民間教團林立，又有部分宗教英才自立新的教門，收徒闡教，使得神壇觸目皆是，令人矚目。」〔註20〕黃光國教授在〈社群主義〉一文中說：「解嚴之後，國家對民間團體的干預大幅減退，民間社會長年所受的束縛宣告解除，人民參與民間社團的意願大為提高，許多民間團體也摩拳擦掌，紛紛強調其自主性，準備擴大發揮其社會影響力。」〔註21〕所以探討這些神壇現象，要有更宏觀與設身處地的想法，而不能以迷信或有害人心、有害善良風俗等字眼，一句話打翻一切現象。對神壇在管理上，則更要深思熟慮其信仰的特質，掌握其具體的功能性，方能符合社會進化的腳步。

〔註18〕羅納德‧約翰斯通《社會中的宗教》，頁28～29。
〔註19〕黃光國《民粹亡台論》（商周文化，1996年3月），頁83。
〔註20〕鄭志明《台灣民間宗教論集》，頁105。
〔註21〕黃光國《民粹亡國論》，頁86。

（三）功能上的差異

　　就社會功能來說，宗教與神壇是有同有異。美國宗教學者羅納德‧約翰斯通教授說：「宗教，能給那些感到孤獨和不能在別處減輕自己的焦慮與問題的人，提供社會服務，並在這一範圍內為社會服務。」〔註22〕有些神壇有此功能，但宗教不同神壇的，是宗教具有整合群眾的力量，並把內涵加以發揮到社會上。「宗教有一種特別重要的功能，就是它在群眾中把個人帶入一種與別人有意義的關係內。」〔註23〕神壇則藉靈驗神蹟來牽引人群，凝聚香火，而神鬼藉氣機（人氣與機巧）修持，增長能力與功德。套句馬克斯的話說：「宗教是這個世界的總的理論，是它的包羅萬象的綱領。」要理解人，就要理解這個世界，理解人心與品格；要理解這個世界，就必須看其理論，契其綱領，窺出他們的心行。〔註24〕我想要瞭解台灣民間信仰與神壇亦然，看其在社會上的活動，觀諸家理論，契其綱領，就知道它們的門道、社會功能，以及其局限性與將來可能發展的趨勢。而神壇每每宣染神跡、命運、業障，來傳播其信仰并招攬信徒，其所產生的爭執每每非當前法律所能解決，只有訴諸教規或宗教人士的自我約束，以及宗教教育的普及與落實。〔註25〕所以神壇社群組合的成立與規範，也是當前宗教管理上的課題。

三、台灣寺廟文化

　　中國傳統文化，是雜揉儒釋道三家的思想，統治者以神設教，其結果是「中國民眾在日長生活中的各種實際需要，均可通過神祇予以滿足，生老病死、衣食住行等諸多塵世需要都被想像成有某種相關的神靈掌管著，而那些以賞善罰惡為首要責任的神靈們就存在於人們生活的大千世界中。」〔註26〕佛道兩教的民間信仰化，主要表現在造神、教義民間化、功能世俗化。〔註27〕而鸞堂則初時主要是吸收儒家的思想，還有神靈的崇拜，目前則步入現代化，且吸收諸國宗教信仰的特質。

〔註22〕羅納德‧約翰斯通《社會中的宗教》（Religion in Society），頁409。
〔註23〕羅納德‧約翰斯通前引書，頁408。
〔註24〕何光滬《宗教與世界叢書》總序，1988年1月。
〔註25〕李崇信「現代社會神蹟的法律問題研究」，《第二屆信仰與儀式學術研討會》
　　　　第三場次，頁36。
〔註26〕侯杰《中國民眾宗教意識》序，天津人民出版社，1994年。
〔註27〕柳立言〈宗教與民間信仰〉，《中國社會史》，頁309～313。

（一）信仰民俗化

在封建時代，廟宇是一種具有權力與武力的村落自治機關，在都市裏是商人行會的自治機關。〔註28〕廟宇古來就常透過節慶、廟會等藝術娛樂活動，宣揚輪迴、因果業報與忠孝節義的故事，勸化人民布施行善。而士夫之干涉宗教，亦基於廟宇的財力以及影響力，故官宦士夫亦多樂意參與宗教事務，來達成政府保境安民的政策，並拓展家族或自我的社會地位。台灣寺廟亦因高僧的宣揚，以及大族的布施，擁有龐大的產業與信徒，除作法事外，亦從事社會福利活動。因政治社會的變遷，今天的台灣寺廟，只不過是一種宗教團體而已，宗教法人法與鸞堂社群組合的問題還爭執不休。台灣的民間信仰，無疑的仍保持著先民古老文化的特質。拜拜，是本省人最流行的口頭禪。民間在供奉神明上，合祀的現象多見，儒、釋、道不分合祀，多拜或可多得護祐〔註29〕；因受多福、多壽、多男子的古風影響，台灣一般家庭廳堂中間，所奉的神像，通常中央是觀音，兩邊則是灶君與土地公。另外，先民來台可能一時請不到大陸本派主神，為了應急求保祐，只好請別派神祇或石頭公、大樹公諸神來祀拜。〔註30〕還有為廣招信徒，皈依即了事，所以產生了齋教信仰的現象，這影響宗教界極為深遠，齋堂出家眾經營俗務，抱小孩、作生意，甚至廟裏道士不唸道藏而念佛經，和尚不住寺宇而住宮廟〔註31〕，另有住家中專業趕經懺者，甚至一家人全部出家說做所謂慈善的事業去，這依然還是台灣特有的現象。一貫道則轉型稱道門、道派；或有稱信佛教者，但長像如道姑，吃素說鬼神道；或有學藏密，稱密宗上師，其神秘的性質、排斥他教（怕正信者礙道）的現象依然存在；或轉成某功德會信徒，吃齋做善事去，但看不到個人的行持法門，但也支持民間信仰的廟會活動。或直在募款說做義行，乃至於無記的善行，不同佛教的「無緣大慈、同體大悲」的願行，以及「不捨一人、不捨一事」的發菩提心的接引法眾，所以被學者們所檢討。

許多在大陸早已衰微的神明，如三官大帝，在台灣奉祀很盛，又神農大

〔註28〕姜義鎮《台灣的民間信仰》序，武陵出版公司，1994年2月。
〔註29〕樂晴〈人們心事憑何寄、燃香進入神世界〉（《中央月刊》，民83年7月），頁99～104。
〔註30〕杜而未《儒佛道信仰研究》「附錄：拜拜種種」（台灣學生書局，民72年），頁167。
〔註31〕杜而未，前引書，頁168。

帝、玉皇大帝等神，在大陸未獲普遍祭祀，在台灣卻都一直受到供奉。〔註32〕在台灣越是地方性的神明，對民間的影響力越大如天上聖母、王爺、有應公、義民廟，這也是台灣民間信仰最顯著的特質之一。〔註33〕通俗的佛教神明如釋迦佛祖、觀音佛祖、地藏王等，越是與道教或神話或西遊記、封神榜融合的，其對民間的影響力也就越大。在台灣的學子，你問他信何教門？除了天主教、基督教等除外，其他很難回答，因純佛教徒極少，有些人或許會說：「信道教吧！但家中卻供奉著佛祖與觀音。」殊不知台灣人連佛祖與觀音信仰，也世俗化了，說拜媽祖同那拜觀音，因媽祖是觀音的信徒，這如同聖母崇拜與信聖母瑪利亞一樣，難用理性分辨了。如闞正宗所做的佛寺巡禮考察，你如果再仔細去觀察寺院中人的日常生活，你會發覺有本土化的色彩，再觀看信徒的心行，你會發覺甚麼樣的信仰的人都有，但表面上都是佛教徒，這就台灣佛教的特色之一，不僅是建築風格雜揉而已，靈骨塔的設置存放也是。

（二）寺廟觀光化

　　台灣早在二十多年前，為了配合政府的國際化與本土化腳步，寺廟已被規畫發展成社區的獨特文化之一，宗教民俗化、宗教觀光化的設計，配合著鄉土文化季節活動的實施，而逐漸活絡開來。前省文獻會主任委員林衡道教授認為，從廟宇文化開創文化奇蹟的構想，不但有學術上的根據，而且符合臺灣社會實情，作法具體可行。〔註34〕座談的學者認為，台灣若能以廟宇文化為起點，使鄉土文化與現代藝術並重，拓展為社區文化，進而推向國家文化，必能開創文化奇蹟。李亦園院士表示，要推動文化建設，必須著眼於廣大的鄉村文化，而不單只注意到都市人口，把現代藝術創作引進廟宇活動，可將廟宇文化由通俗走向精緻。〔註35〕蔡麗卿說：「綜觀當前臺灣各地區寺廟的活動，大多熱鬧有餘、內涵不足，純粹只是一種表面性的活動，並無移風易俗的效能。其主要原因，在於各寺廟神職人員的認知問題，政府應主動辦理寺廟負責人的研習會，來灌輸其對文化的認知，並指導如何辦理優良廟

〔註32〕樂晴〈有請三官大帝敢問何時地震〉（《中央月刊》，民84年6月），頁76～79。

〔註33〕姜義鎮《台灣的民間信仰》序。

〔註34〕徐明珠〈從廟宇文化開創文化奇蹟〉（中央月刊，民83年2月），頁7。

〔註35〕徐明珠，前引文，頁10。

宇文化的活動。」〔註36〕其亦主張政府文化單位,當負督導之責,建議各寺廟自行編印簡介,廣泛告知眾信徒有關該寺廟的始末。其也建議,各寺廟應設置宗教文物館,展示該寺廟的宗教文物及該地區民間文物;並認養優良的民間藝術團體,定期赴全省各地公演,以確保薪傳工作,且藉此推廣文化活動。而陳錦煌表示,廟宇文化,反映社會現象,廟宇文化要開創文化奇蹟,首先要由民間主動做起,所以其成立新港文化基金會,贊助廟宇活動,希望能創新、改造廟宇文化。〔註37〕蔡相輝教授則強調,廟制與法人層面的修訂,使參與廟宇事務者的素質提高,讓鄉土文化與廟宇文化能有更良好的融合。〔註38〕

全台通俗廟宇,幾乎多有廟籤的設置,上廟求籤,成為信徒生活中的大事。有句俗語便說:「跨進廟門兩件事,燒香求籤問心事。」藍三印教授說:「一般民眾認為神明是最具權威的心理治療醫師,只要經由神明的指點,那準沒錯。因此,親友的勸導,總不如神明的指點,更讓他相信,於徬徨無助之時,便會上廟求籤。而負責解神籤者,自然成為指引他們如何脫離苦海的專家了。」〔註39〕此外,平時信徒有事,或求財求婚問前程,或中西醫難解疾病,寺廟與神壇中的乩童與乩生、法師,就扮演著重要的除煞、解惑的角色。還有到寺廟算命、安太歲,求平安符、收驚的行事。

我國的神靈與歲時的節慶,已走向觀光性與國際性,尤其在華僑社會的紐約與舊金山的廟會活動,特別得到美國政府的支持,已廣泛引起國際社會的注意。所以專家們建議政府,把一年中重要歲時節慶加以確立,然後找出那一個地方所表現的節俗最具特色,如鹿港端午慶典、基隆中元普渡、頭城的搶孤、台北的燈會、冬山河七夕情人節等,加以輔導成各節俗的重點特色區。然後將此民俗活動的內容發揚光大,辦得有聲有色,使兼具觀光功能。〔註40〕如設立民俗藝團,由寺廟認養,陳列陣頭文物,定期表演,創造民眾休閒的好去處。〔註41〕陣頭的表演,是台灣神壇廟會活動中,最熱鬧的項目之一,少了它祭典會黯然失色;使陣頭專業化,一方面可以承接固有文化,

〔註36〕徐明珠,前引文,頁11。
〔註37〕徐明珠,前引文,頁12。
〔註38〕徐明珠,前引文,頁13。
〔註39〕徐明珠〈上廟求籤說籤詩〉,《中央月刊》,民83年6月,頁111。
〔註40〕徐明珠〈台灣節俗的傳薪與創新〉,《中央月刊》,民83年3月,頁12。
〔註41〕樂晴〈談傳統民俗技藝陣頭〉,《中央月刊》,民83年9月,頁91～96。

同時又能推展觀光活動，促進國際文化交流。

四、巫覡與神壇

（一）降神附體

　　關於台灣的宗教，一般人所知的多是儒釋道雜糅的神明信仰。嚴格的界定它，則以儒宗神教為大宗。鄭志明教授在「鸞堂組織與教訓堂規」文中說：「儒宗神教，是標舉以儒為宗，以神為教；儒宗重人文教化，神教重薩滿信仰，一者強調人文意識，一者是主張神靈意識，兩者可以說是相互乖離的思想領域，為什麼到了中國民間基層社會竟然混合為一呢？神靈與人文在同一信仰體系中並列而生，必須仰賴一套妥協的教義與組織體系。」〔註42〕這也就是周易所說的：「聖王以神道設教，而天下服矣。」「降筆扶乩的民間鸞堂，與台灣早先傳入的通俗信仰，因生態環境相同，互相涵攝，使得儒宗神教的宗教結構與信仰特質，近於民間通俗信仰；而儒宗神教進一步藉飛鸞著書，將全台各地神明聯合起來，使其扶乩宣化，構成台灣通俗信仰的神明大結何；在神明信仰方面，儒宗神教代表了台灣通俗神明的信仰特色，是通俗信仰的大雜燴。」〔註43〕光復後，新的鸞堂如瑤池金母信仰的慈慧堂、無極聖教、無極老母信仰的一貫道，以及正宗書畫社、世界弘化院、天德教、天帝教等對儒宗神教也有所影響，形成了民間教團的綜合體。

　　德國哲人黑格爾說：「能存在的事物，都是合理的。」民間信仰、歲時節俗與神壇現象，就是因為有其生存所依的時空、環境的養份，所以才能流傳到今日而不會衰落，如果不合時宜，早就被淘汰了。巨贊法師（1908～1984）在〈台灣行腳記〉一文中說：「最近台南一帶流行著這麼一句話：「西醫不如中醫，中醫不如唐乩。」唐乩即內地傳過去的扶乩迷信，近來非常盛行。乩童自稱法子，妖言惑眾，愚夫愚婦趨之若鶩，收入很可觀，因而與下流社會深相結合，造成一種神秘的潛勢力，其氣燄之盛，幾二十倍於光復之前。有一位國大代表的選出，完全是這班人包辦成功的。」〔註44〕台灣的宮廟神壇，有的不僅是膜拜神明、修道的場合，連帶夾雜著降神附體的風氣，如萬華北聖宮，民國82年2月向政府辦理登記證，但從民國75年起大聖母降乩金言

〔註42〕《台灣民間宗教論集》，頁125。
〔註43〕前引書，頁114。
〔註44〕黃夏年主編《巨贊集》（中國社會科學出版社，1995年），頁453。

指點自訓乩生與文生事；蘇澳太陽公廟，在我小時候廟中就存在乩童與牽魂事，目前廟中為廣招信眾，有佛教神明合祀著；附近佛祖廟則是齋教性質，目前變成佛寺；還有台南的囝仔仙，依靈鬼為人解迷惑並斷人前程。王玉德在《中國神秘文化書系》序言中說：「神秘的色彩，最怕事實沖滌，迷信的積垢，需要科學清掃。思想的霧靄，不能靠利斧驅散，歷史的現象，需要以歷史角度解釋。呈現在我們面前的神秘文化，是光怪陸離的複染共同體，是精華與糟粕交融的意識形態，它有根深蒂固的傳統，有無孔不入的市場，有衰榮再生的能力。新中國建立以來，神秘文化一度受到蕩滌，但它由地上轉入地下，由泛濫暫處休歇。一但開放的歷史大潮奔騰向前，這股潛流就與海外及港台的民俗風氣相呼應，乘機湧出，四處流布，傳統的水質調入了現代的色彩，清濁難分。如果不考鏡源流，不明辨是非，不正確引導群眾，陳舊的風氣和封建的習俗，將重新在民間恢復，我們經過四十多年建立起來的社會主義民俗，將被潛移默化，取而代之，這是相當危險的。」〔註45〕但判別信仰問題，要靠事實。

　　大陸是官辦宗教，寺廟走向觀光寺院，並培養一批僧尼、道士道姑來應付來訪團體。〔註46〕中共對神壇的打壓，與台灣政府的民主作風顯然不同，台灣政府輔導各種宗教立案登記，希望寺廟在人事、財力與傳教或布道上走向公開、明朗的局面，以因應現代化的腳步。對於私設的神壇，居於人民有信仰的自由，只要不涉及斂財、騙色以及違反善良風俗等不法情事出現，目前尚無法可管。台灣的文化與中原文化，雖有人如王國璠者，主張兩者互融，期待將來一統。〔註47〕兩岸的政經文教的歧異越來越深，對宗教的態度也迥別，隨著時代的腳步邁進，雙方勢必會有數波的交會，以及衝擊的時候到來，誰先被改變，目前難說。

　　一般認為，巫師的產生，是出於通神的需要，應運而生的，並與祖先崇拜觀念的產生，密切關連著。〔註48〕姚周輝在〈降神巫風的主要種類〉（上）文中說：「降神附體風俗，早在母系氏族社會中期就已產生，其最古老的形式是跳神。到了後來，隨著人類社會的發展和各地各代各族巫師們的不斷加

〔註45〕姚周輝《神秘的幻術》，廣西人民出版社，1993 年 4 月。
〔註46〕賴建成《中共的宗教理論與政策》，《獅子吼》第 24 卷第 5 期，頁 26～29。
〔註47〕徐明珠〈臺灣節俗的傳薪與創新〉，《中央月刊》，民 83 年 3 月，頁 9。
〔註48〕參見《金枝集》與馬凌諾斯基著、朱岑樓譯《巫術、科學與宗教》。

工，降神附體風俗由遠古時代的跳神逐漸演變和發展為舞仙童、走陰、唱神仙、扶乩、圓光等種類多樣令人眼花繚亂的種類。」〔註49〕對於巫覡，《台灣通史‧宗教志》上載：「台灣巫覡凡有數種，……三曰紅姨，是走無常，能攝鬼神，與人對語。九天玄女，據之以言，出入閨房，刺人隱事。四曰乩童，裸體散髮，距躍曲踊，狀若中風。割舌刺背，鮮血淋灘，神所憑依，創而不痛。」台灣在急功近利社會下，神明不靈，就會遭殃，因此應運而產生了許多靈媒。王世禎在「鸞乩的神力」文中說：「巫覡是為人禱祝以求神靈保祐的人，其在禱祝時往往能召神靈驅妖魔，為人卜吉凶，以符咒治病。男的稱巫，女的稱覡。臺灣專業化的巫覡，有鸞乩、童乩、法師、符法師和紅姨等五種。臺灣的鸞乩，是清光緒末年由澎湖傳來，當時宗教界人士組織降年會或稱扶鸞會。與童乩相似，以神明下降，宣示神意，預言吉凶，所異者只是作法上不同而已。」〔註50〕這就涉及到先天與後天通靈問題。

　　扶鸞大多在奉祀著玄天上帝、王爺、張天師等神明的寺廟裏舉行，神案前放置一方桌，桌上擺一沙盤，中放丫字形木假，即乩。頂端懸錐，由鸞童及助手兩人手扶橫木兩端，由法師唸咒文、燒金紙，祈禱神靈的降臨；不久神靈附體，乩童手中的乩就自動搖擺，在神案的沙盤上畫出乩字，有時也會在金紙上畫出藥方；有時乩示祈問者，應請某方的醫師醫治，或到某廟祈某神，並取香灰沖服。〔註51〕而乩童是神靈直接附體，傳述神明旨意，其所奉的神明以玄天上帝、王爺、太子爺、關帝爺、東嶽大帝、三奶夫人等為主。其法術，有跳童顯靈、能落地府、驅邪斬魔、迎神過火、花園宮科、貢王代表、替人搜身、為人寄嗣、代鬼討嫁與坐禁。〔註52〕另常與乩童搭配的，是法師，或稱法官，精於符咒，其法術有指導童乩、發令出輦、能關落陰與招天兵將。〔註53〕另有紅姨，則可當作亡靈的媒介，其作法情形，是聚集問靈者和旁觀者於一暗室中，讓亡靈附身；其多為盲女，也有法師作為她的助手。圍桌而坐，桌上置香爐、燭臺與供物；紅姨與問靈者對坐，法師立於紅姨右側，代為焚香燃燭；以黃紙點火，在紅姨前上下閃動，一邊唸請靈咒，紅姨靜坐以表

〔註49〕姚周輝《神秘的幻術——降神附體風俗探究》（廣西人民出版社，1993 年 4 月），頁 11。

〔註50〕王世禎《人神相通的靈動秘典》，佛光企業社，頁 169。

〔註51〕同前註。

〔註52〕王世禎，前引書，頁 170～173。

〔註53〕王世禎，前引書，頁 174～175。

虔敬，稍後全身顫動，作神靈附身狀。紅姨的法術，有問神醫病、牽亡魂魄、栽花插斗與招魂解厄等。〔註 54〕還有司公，有紅頭、黑頭之分，黑頭主持度死法術，紅頭重視延生，常與原始信仰中的法師與乩童混合。

（二）靈媒的產生與修為

中國人好算命，有說亡神格或年月支相沖者，較敏感、易染邪物；年月日時支沖犯重者如子與午，多為陰陽眼，能見異物；而陰陽眼，有帶天命而修練為神明辦事者，有破格而常惹事端、胡說八道者。有一小景者，乩身體質，人稱小胖鬼。小胖鬼曾到道門學觀氣術，但懶惰、吝嗇而退失道心。後隨道人念咒，協助圭爺道場事務，人染陰煞事來問者，頗有靈驗功力；但定性不夠，不善處理俗務，凡事要人緊叮，不然會有出錯。他心性敏感又多疑情，自敗有餘，想染女色沒卻有本事，通常的情況是賠了心力和財力。對於小胖鬼的情形，我問過東湖太子爺乩身廖先生，他說：「小胖的能力是半通，但難以修行，因為一唸咒，靈界就來討債了。他目前跟母親收垃圾，生活過得還好嘛！」有些學鬼道靈通者，如某無極先天功法學人號稱蕭師兄者，窺人軟弱好欺負，趨進謀利，並以觀人心念、吸人氣息，以增長功力。廖先生說：「這個人亂來！」難怪當時去壯圍天君殿問林師父：「此人如何？」林師父不答腔，因為同樣是東湖太子爺口中的亂來之人。

靈媒可分精神靈媒（Mental Medium）與物質靈媒（Physical Medium）。物質靈媒即請鬼魂將物體移動，或現形可供拍照。〔註 55〕精神靈媒有二種：一為「自動書寫」，中國的扶乩可以歸為此類，就是鬼魂附身後能自動寫作，有的寫的字很清楚如東湖太子爺，有的是符號字、訊息字如壯圍虎爺；二為「附靈說話」，民間的紅姨、靈姑即為此類，人被附身後用鬼魂生前的聲音說話，但請來的靈魂要分辨。明復法師舉一個親身見聞的例子以說，「有一位朋友忽然過世了，他們的家人很想念他，就請來神壇中人來辦事，家人都在場，童乩拿一條板凳躺了下去，恍神不多久就說話了，來的靈喊媽媽哭泣著，媽媽一聽覺得聲音不對，靈姑就說換一個，連續換了十多個都合不上來；後來又換上一個靈體，老奶奶覺得聲音對了，為了謹慎乃說：『你有甚麼可證明你是我兒？』靈體說：『你們有一條領帶沒有燒給我！』大奶奶說：『你生前喜

〔註 54〕王世禎《人神相通的靈動秘典》，佛光企業社，頁 178～179。
〔註 55〕呂應鐘《不再神秘的特異功能》一書，另見 1997 年 4 月 12 日在馬祖社教館演講文。

歡的，我都燒了！』靈體說：『還有一樣東西！在一件西裝的口袋裡！』小奶奶記起來了，出事前她出去買一條好看的領帶準備送給先生。於是他趕快回家找，真的那條領帶還在！於是將它火化去了。」這就是國人所熟悉的牽亡魂，現在會此法術的宮廟或神壇少了。

　　關於降神附體的產生，「很可能就像眾多的習俗，是產生於偶然之中。」〔註56〕姚周輝在〈降神巫風的起源與精神性疾病〉文中接著說：「那樣，也許正是生活於遠古時期的北亞諸民族中某些患有輕度極地歇斯底里精神性疾病患者，於偶然之中學會人為地誘發、維持和中止其疾病而后產生的。」〔註57〕這很像小胖鬼，在道場抽慉、兩眼直上翻、露白眼，兩手直抖動後，你問話，不讀書的他卻可以胡說一通，眾人駁斥他多時，他才逐漸從茫然狀中回神過來，兩眼空空洞洞的景像，是撞邪了。一些人如中和曾女士，車關過後，幻覺幻聽嚴重，眼珠子翻白眼，說話時兩眼直上翻，所以夜晚有嬰靈跑出來說話。而小胖鬼平時其碰到凶狠、歇斯底里的人，鬼通的他卻也害怕那種氣氛，也怕陽光直射。女巫，一般以結過婚而具有歇斯底里者為宜，因穩定性較高，像小胖鬼二十多歲，未結婚、又貪財色，每不滿意供養費而胡說，但越晚越靈，在極陰地則胡說一通，壯圍的靈乩林師父，有時也會這樣，自己在外面跟人生孩子，卻說信徒在外面跟女人有孩子。

　　想把巫覡的角色扮演好，勢必要有一番學習過程，在台灣就產生靈乩的宗教性的轉變，不同於乩童；但有時靈乩與乩童之間很難加以區分，但看其人辦事時就分曉了，有文、武乩之分了，辦事的方式也大不相同。姚周輝先生說：「只有當巫師們於無數次狂舞中，逐漸學會人為地調解和終止歇斯底里症，才能夠說降神附體風俗於狂舞中誕生了。」〔註58〕「降神附體風俗的起源，除了極可能與精神性疾病有關外，還極可能與原始舞蹈和植物致幻藥有關。」〔註59〕還有一說，因偶然事件結合獨自靈修，使前世業障如影像不斷湧現，而有如降神附體的現象產生，家人信密宗不勝其擾，把她關入瘋人院治療。巫師由降神附體的偶發行為，一躍成為一種可以隨時舉行活動，需有其傳承與必要的修煉過程。姚周輝在「降神巫風傳承的基本模式」文中說：

〔註56〕《中國民俗學論文選》（中國民間文藝出版社，1986年7月），頁42。
〔註57〕姚周輝《神秘的幻術》（廣西人民出版社，1993年4月），頁199。
〔註58〕前引書，頁201～202。
〔註59〕前引書，頁201。

「當然，要學習人為地誘發、維持和終止這種好像失去理智的昏迷狀態，並非一件易如反掌的事，它需要通不斷的學習和反復的訓練才能獲得。而後繼巫師任職的全部准備階段之所以冗長，就是為了學會人為地誘發、維持和終止這種昏迷狀態。」〔註60〕由上文可知，降神附體的情事，與催眠、人體特異功能，有著密不可分的關連。也就是說，離開了催眠與人體科學，將無法揭開降神附體的實質與真象。〔註61〕

當靈媒者，為了避免如小胖鬼或林師父，執著於追求靈視，而常受陰靈、惡靈、低極靈界的干擾，成為不良靈媒體質，當加強魂的力量。每天必需定時從事定量運動，持之有恆，不受情緒影響，如此才能達到強化魄力的目的。〔註62〕未經過嚴格驗證的通靈境界，當以幻境與魔境看待，千萬莫存著帶有天命的心態而自樂而迷戀。常人均有好奇心，而冀望神通，所以不論是以先天或後天的方式通靈，或者是神靈附身，均當以甚深經驗來慎加研判，禪者的夢都還撲朔迷離，更何況鬼通。呂雄副教授問東湖廖先生說：「你們身為乩童，可以修到道長乎？」廖先生說：「僅能當老師！」我想他是出自於肺腑之言，其人客氣說法也很客觀，不似某些靈乩自稱道長。對於乩童或靈乩其人的心行還是要長期考察，因戒德戒行是門檻。不守戒規，常見的是正神不來，邪怪入侵，胡言亂語，重者有失心瘋的現象出現。

五、儒釋道對巫覡、乩壇的觀感

（一）對鬼神存畏慎心

儒者常說：「敬鬼神而遠之！」或說：「祭如在！」「慎終遠，民德歸厚矣！」佛家重視因果輪迴、業報之說，而強調自度與度生的人空、法空思想。有人問朱子：「世間有鬼乎？」朱子說：「常見人談及，但聖人旨意不在此。」明人凌濛初在「喬勢天師攘旱魃，秉誠縣令召甘霖」序說：「話說男巫女覡，自古有之。漢時謂之下神，唐世呼為見鬼人。盡能役使鬼神，曉得人家禍福休咎，令人趨避，頗有靈驗。所以公卿大夫都有信著他的。甚至朝廷宮闈之中，有時召用，此皆有個真傳授，可以行得去做得來的。不是荒唐，卻是世間的事，有了真的，便有假的。那無知男女，妄稱神鬼，假說陰陽，一些影響沒

〔註60〕姚周輝《神秘的幻術》（廣西人民出版社，1993年4月），頁203～204。
〔註61〕前引書，頁210。
〔註62〕王世禎《人神相通的靈動秘典》，頁185。

有的，也一般會哄動鄉民，做張做勢的，從古來就有了。直到如今，真有術的巫覡已失其傳。無過是些鄉里村夫，游嘴老嫗，男稱太保，女稱師娘，假說降神召鬼，哄騙愚人。……見人家有病來求他，他先前只說救不得，直到拜求懇切了，口裏說出許多牛馬豬狗的願心來，要這家脫衣典當，殺生害命，還恐怕神道不肯救，啼啼哭哭的，及至病已犯拙，燒獻無效，再不怨悵他，疑心他，只說不曾盡得心，神道不喜歡，見得如此，越燒獻得緊了。不知弄人家費多少錢鈔，傷多少性命！不過供得他一時亂話，吃得些，騙得些罷了。律上禁止師巫邪術，其法甚嚴。也還加他邪術二字，要見還成一家說話。如今並那邪不成邪，術不成術，一味胡弄。愚民信伏，習以成風，真是痼疾不可解，只好做有識之人的笑柄而已。」〔註63〕這說明心之所向問題。

國人常說：「舉頭三尺有神明。」人有良知、良能，可以致良知，何賴鬼神之有乎？當知鬼神或亦曾為人，是人或動物之所變現，人心攀緣外境，鬼神自然附會以說，然不免與現實狀況有所出入，單一事實渠等或可透過人的光影而知之。舉一實例以說，學校某一呂教授找朱老師觀落陰。朱老師弄了好幾分鐘，看不到，乃說：「你不要唸經咒了，這樣會讓我看不到。」呂教授說：「我們初次見面，我怎能相信你。」這樣僵持不下，觀落陰事就不了了之了。持經咒正念正行，鬼邪遁逃，靈師無用武之地。

（二）鬼神亦有錯失處

道教的經典《太上感應篇》中明文告誡，不可殺生，慈心於物，則天道佑之，福祿隨之，神靈衛之。一些神壇殺畜生祭拜，有違道教教義。就此淨松居士在〈戒殺放生疑問之探討〉文中說：「我們應該瞭解的是，鬼神也有犯過錯的時候，若因貪享血食，受你肉供，就賜你不該得的福，幫你不該幫的事，這是一種既犯殺業又犯偷盜業的受賄行為，日後自有其應受的苦報；就你而言，除了須共同承擔殺生的罪業外，該受的苦報強求而免，應知道避得了一時躲不了永遠的道理；不應享的福報強求而得，焉知不是經由鬼神斡旋而預先透支日後應享的福報，如此則又何喜之有？由上可知殺生祭拜，對神對人，兩皆有害。」〔註64〕對於乩壇事，淨空法師摘錄紀文達《灤陽續錄》錄四教學子說：「乩仙多偽託古人，然亦時有小驗。」〔註65〕

〔註63〕《因果報應實證》（淨土善書流通處，民87年8月），頁173。
〔註64〕《初刻拍案驚奇》第39卷。
〔註65〕《草堂集》（華藏佛教圖書館，民83年12月），頁59。

「大抵乩仙，為靈鬼所託，尚實有所憑附。」〔註66〕鬼神雖有靈通，但人間事極其繁複，也不是每件委託的事，鬼神都能成辦。淨空法師又錄《槐西雜志》說：「乩仙之術，士大夫偶然游戲。倡和詩詞，等諸觀戲則可。若藉卜吉凶，當怖其術也。」〔註67〕鬼神之術，真有其怖人之處，所以才會趨使人們遠道來祈求，到神壇宮廟去辦事。此中情事本當要審細如同修道，然人心因貪而痴而迷多見，自然多人著上鬼魅之術，乃至於行為跟平常不同，輕者破財失色，重者屋舍捐給。雖一念回心有時，所遇狀況總會讓受害者懊惱多時不忘。

（三）鬼靈的神通

對於乩鬼知人心與人心之善惡問題，古人的看法又是如何呢？淨空法師引《灤陽消夏錄》說：「心之善惡，亦現於陽氣中。生一善念，則氣中一線如烈燄；生一惡心，則氣中一線如淡濃煙。」〔註68〕人天良未泯，項上必有靈光，虎見避之〔註69〕，虎唯食禽獸，不食善人，如僧人靈祐。「人秉陽氣以生，睡則神聚於心，靈光與陽氣相映，如鏡取影，夢生於心，其影皆現於陽氣中，鬼神皆得而見之。」〔註70〕「人心愈巧，則鬼神之機亦愈巧。」而「妖魅所惑者，皆邪念先萌耳。」〔註71〕「心亂神渙，鬼得乘之；神志湛然，鬼塹而去。」「人心一動，鬼神知之；以邪召邪，神不得而咎。」〔註72〕所以道家《太上感應篇》云：「禍福無門，惟人自召；善惡之報，如影相隨。」佛家說：「前念若無，心亦無；罪福之性，不可得。」古德說：「心是活技兒，意念是巧匠工。」都是一念心的問題。至於鬼神通靈事，淨空法師引《灤陽續錄》說：「數皆前定，故鬼神可以前知。然有其事尚未發萌，其人尚未舉念，又非吉凶禍福之所關，因果報應之所繫，游戲瑣屑，至不足道，斷非冥籍所能預注者，而亦往往能前知。」〔註73〕姑且不論所謂的心動、靈動，或者是風動，凡事能秉持思辨性的理性思考，自然不容易輕信靈乩的鬼神之道。

〔註66〕前引書，頁52。
〔註67〕《草堂集》（華藏佛教圖書館，民83年12月），頁32。
〔註68〕前引書，頁9。
〔註69〕前引書，引自《如是我聞》，頁24。
〔註70〕前引書，頁8。
〔註71〕前引書，頁9。
〔註72〕前引書，頁3。
〔註73〕前引書，頁54。

（四）對乩壇應有的認知

目前的台灣道教，流傳甚廣，可以說已深入民間各階層，而表現於民間日常生活中，最顯著的就是冠、婚、葬祭與歲時祭祀之時，風水師、算命師亦很受歡迎。今日台灣的寺廟，多數帶有濃厚的道教色彩。臺灣的道士，「由於缺乏組織形態，只注重於符咒驅鬼的法術，遂與古代泛靈信仰中的巫覡、術士如乩童、法師等合流，而助長了法師和乩童的流行。」〔註74〕關於神壇扶乩與因果定業問題，淨松居士在「神壇扶乩真相的探討」文中舉覺化堂三山國王降乩賜符給其廣行善事的祖父治病，助其延壽一紀，轉其定業；但也示警其父避災，但卻定業難轉而外出逢災的事蹟。其又說：「目前神壇到處林立，主持份子良莠不齊，藉乩騙人屢有所聞。因此家父（曾當乩生）遇有神廟開壇設乩邀他參加或指導，全都謝絕，以免被人利用，成為幫凶，以致背負因果。乩壇扶乩情形既如上述，我們對它究竟應採取何種態度？對此，印光大師有明白的開示：「不可排斥此法，亦不可附贊此法。」為何不可附和襄贊？大師告訴我們，扶乩之事，有許多是靈鬼假冒仙佛神聖，所說的天乘道理及佛法，簡直是胡說，其所說佛法全屬臆測杜撰，若加以附和襄贊，恐招致壞亂佛法，貽誤眾生的罪愆。目前某些不屬於正統佛教的○教或○道。乩文是他們維繫教徒信心的重要工具，有時更成為他們教義的重要來源，對這一點，大師的開示，無疑是最佳的當頭棒喝，其信徒們，應防乩文來自人為作假或來自靈鬼假冒佛聖說法，以免修行誤歧途，求升反墮，豈不可惜！為何不可排斥？大師告訴我們，乩壇所開示改過遷善、小輪迴、小因果等，皆對世道人心有大裨益，若加以排斥，則有阻人向善的過失。但是大家要明白，大師所不排斥的是，專門從事宣揚因果、輪迴，教化人心改過遷善的乩壇。對於目前流入弊端的下例三種神廟、乩壇，大師若仍在世，必定痛加喝斥無疑：（一）藉開乩壇騙財甚且騙色者；（二）開乩壇讓人問賭博中獎號碼或六和彩中獎明牌號碼者。讀者當知，有道德有修為的正神，絕不會鼓勵信徒從事賭博投機，可見指示明牌的，一定是小鬼或邪神，一旦中邪，後果堪慮，可不慎防乎？（三）目前許多神壇很熱衷於舉辦進香活動。主辦的人，常於活動中僱請花車女郎，穿著暴露、表演色情歌舞，戕害青少年身心、破壞善良風俗，這絕非正直的神明所許可。那麼這種活動是出於神的意旨，或者主持者假藉神意而舉辦？到底為了什麼？捐錢贊助或參加這種活動有無功德？聰明的信

〔註74〕《人神相通的靈動秘典》，頁20～21。

徒們應該知所抉擇吧！」〔註75〕

對於靈鬼神通與佛家的他心通之別，以及為何要談靈鬼事，印光法師在〈復永嘉某居士書四〉文中說：「扶乩，多是靈鬼假冒仙佛神聖，鬼之劣者，或無此通力。其優者，則能知人心，故能借人之聰明智識而為之。紀文達謂：「乩多靈鬼假托。……然此鬼之靈，但能於人現知之心，借而為用。於識田中有，現知中無者，或此義非己所知者，便不能引以示人。其去業盡情空之他心通，實有天淵之遠。但其氣分似之，又恐汝等或為乩教所迷，故不得不引及而并言之。」〔註76〕古代行人冥思，身似槁木、心似死灰，巫師攪盡靈思，還以為行人離死不遠，後見苗頭不妙，落荒而逃。斷人生死對巫師誠難，與亡魂溝通與引亡魂離開陽間事，倒是巫師的常業。〔註77〕至於為人作法祭改，解運以延壽，在當前台灣靈乩中也是常見的一些現象。

對於神壇扶乩的真相，有謂：「設乩問神，目前極為流行，有的被壞人利用來詐欺騙財，因而被指為迷信，受到大家的撻伐；有的則非常靈驗，有憑有據，令人無法不信。」〔註78〕降乩的是鬼是仙，以及學道入頭處，印光法師在「復馬舜卿居士書」文中說：「至於感應篇、陰隲文、覺世經，則係示人克己復禮之寶鑑。比游移浮泛之乩文，固不可一目視之。扶乩一道，實有真仙降臨，然百無二三次。若盡認做真仙，則是以平民妄稱帝王矣。所臨壇者，多數靈鬼，倘果有學識之靈鬼，其語言頗有可觀。至說佛法，則非己所知故多謬說，一班無知無識之人，遂謂真佛真菩薩，其語言之訛謬處，害人實深。居士宜潛心讀安士書，并印光文鈔。倘有入處，再去研究法華、楞嚴，自可明如觀火矣。」〔註79〕佛教徒主張覺性圓滿的佛道，自然與強調人神溝通、感應的乩童或靈乩有別。

六、從神壇到信徒之路的省思

（一）存在的意義

對於巫術與宗教的差別，莊吉發在《薩滿信仰的社會功能》「結論」說：

〔註75〕《因果報應實證》，頁99～100。

〔註76〕《廣增印光法師文鈔》（一）（瑞成書局，民45年1月），頁83。

〔註77〕Jondan Paper 著、賴建成譯〈薩滿信仰與神秘經驗〉，《獅子吼》第24卷第1、2、3期，民74年1～3月。

〔註78〕《因果報應實證》，頁97。

〔註79〕《廣增印光法師文鈔》（瑞成書局，民45年1月），頁131。

「巫術和宗教，是有分別的，宗教創造一套價值，直接的達到目的；巫術是一套動作，具有實用價值，是達到目的之工具。」〔註80〕神壇的乩靈現象，與古代薩滿的忘神（ecstasy，昏迷）頗有關連。學者富育光甚至用道、魂、氣的觀念，結合各國學者專家的說法來加以研究後，其在「薩滿迷痴形態精神心理剖析」文中說：「所謂薩滿迷痴行為，即薩滿昏迷術，實際上係指薩滿降神活動中一個至關緊要的環節，即與薩滿教觀念中道、氣、魂三者聯繫，並顯示其作用與超人力量。這要通過薩滿通神行為體現出來，給族眾以實實在在、不容置疑的耳聞目睹，親身感受。沒有這個重要環節，薩滿便失去了人神中介的作用顯示，薩滿教藉以凝聚族眾精神心理的宗旨便無法實現，甚而失去了宗教存在的意義。因此說，薩滿教昏迷行為是任何薩滿都必須具備的本能條件，只是顯示昏迷的程度與影響力，因薩滿自身因素和祭祀性質有別大小參差人神相通在於修誠，而非機巧，神明的代言人與品劣乩鬼的差別在此，乃能不一而已。」〔註81〕凝聚、滿足群眾的心理。世亦不乏淫祠與賺人的神壇，為人所垢病，而壞了其他本著濟世為懷的神壇。神壇示乩靈驗者，事見淨松居士編述《因果報應實證》第三篇第一章第八則、第二張第十三、十四、十五則與四章第三則故事。淨空法師引《灤陽續錄》說：「古人祠宇，俎豆一方，使後人挹想風規，生其效法，是即維風勵俗之教也。」〔註82〕

在古代農業生產，更是與神靈息息相關，「民間信仰因為沒有整體的組織，也沒有標準的經典，各門各派各自為政，不管是信仰或者儀式都可因時、因地而異。神靈的造形，亦常隨雕刻者的意思而改變，尤其是一些少見的神像。」「宗教與巫術本來都屬於信仰的範疇，但兩者仍有顯著的不同，主要在其對超自然的態度。宗教性的態度，是敬畏超自然，注重祈禱。巫術認為超自然是可以控制的，可以加以利用，民間信仰的各種儀式中，或多或少摻雜著巫術的因素。」〔註83〕飛雲居士在〈台灣民間信仰檢討與前瞻〉文中說：「寺廟人們祭祀神靈的所在，其主要功能是宗教團體。」「經過不斷社會文化變遷，寺廟的功能漸為後起團體所取代，如政府機構取代的自治、武力和教化等功能，寺院僅保存其應有的宗教功能。」〔註84〕某些民間信仰會逐

〔註80〕《國際中國邊疆學術會議》，政大，民73年4月。
〔註81〕《薩滿論》（遼寧人民出版社，2000年9月），頁153～154。
〔註82〕《草堂集》，頁55。
〔註83〕《細說台灣民間信仰》（台灣書局，民82年4月），頁220～221。
〔註84〕前引書，頁222～223。

漸消失，有其內外因素及其對環境變遷的適應程度而論。

（二）管理者的省思

在民間信仰中，人與神靈是生存在同一空間中，不同的社會裡，現代人則說是異度空間。因香火與現實信仰的關係，小神壇初設立不易，如草庵遮風避雨，行人急走過，偶有好奇探探頭者，或有人走入觀看參問。有了些許的道行，德行遠播，久而久之成為修行人的聚落，也是香客留連之所，如吾所見的壯圍天君殿，初用租賃場所，或用居家邊地設壇立神明辦事。神壇轉型為宮廟，草庵發展成廟宇，到大寺院與宮觀，則要英雄豪傑出世主持。還有人強調，當中靈乩與乩童扮演著重要的角色。「靈乩與乩童的差異，主要就在於其與靈界相關的宗教使命，不只是以神明附體的法力替人驅邪逐煞與除魔治病，還要有一套對靈界的認知系統與操作體系。」〔註85〕但據筆者觀察，有些小神壇的靈乩，有時會變得跟乩童沒兩樣，忽然恍神不自主的說些不該說的話，甚至會顯露出貪財好色的神情與言行，這有賴宗教團體去約制，還有靈乩自身的自覺。一般我們常見的民間信仰處所的規模，約分為堂、神壇、宮廟與殿四個等級，此通則可用來概略以窺見世界諸宗教的層級。但有的神壇主事者，有自號殿者，而行跡介於乩童與靈乩之間，跟歷史上的長老與仙道人士，大是不同。

神壇要轉型為正神住持的宮廟，必須政府的輔導，如找出重點神壇，表揚其優良事蹟，並推薦學有專精的學者、專家輔助，把內涵更加發揚。其次，是鼓勵神壇公開發行刊物與簡介，在現量、比量下，使神壇主事者明白：「師以證量傳，弟以到量授。」神壇的乩生神示才有公信力，不致被社會所垢病，而成為人神相通下一門深入之專業人士。再次，是多舉辦學術研討會或座談會，乃至觀摩會，探討神壇的種類、功能與法術，以及未來神壇的社會定位與發展，使社會人士多明瞭神壇，也讓神壇主事者知所進退與思考向上提昇的進路。如此，對人、對己、對神鬼、對社會奮進，都有助益，相對也提高了國民的素質以及提昇國家整體的文化。但小神壇主事者，不識幾個字多矣，如黃慶生科長說的不長進者很多。

此外，將鸞堂、神壇聯繫組織起來，成立一個跨宗教的協會，也不失為可思考的方向，但考慮到宗教內涵與淵源，則總會無疾而終，戛然而止。

〔註85〕鄭志明〈台灣靈乩的宗教型態〉，《宗教與民俗醫療學報》，頁 22。

〔註86〕我想這棘手問題總要處理，可借用黃光國教授在「曙光」文中所說的，政府要從「社群主義」的角度來觀看，首先必須在國家的層次上制定相關法律，在社群的層次上制定倫理準則，雙管齊下，才能收到效果。〔註87〕協會名稱如何訂立的問題，要集思廣義，審慎考慮，然後積極的鼓勵參加、研討，謀求共同利益，處理社群內的公共事務。總之，宗教事務與靈修活動，主事者都要很審細，因為是嚴素問題。

（二）注重對社群的影響力

在威權時代，政權與正統宗教，對民間教派或神壇的壓破，是基於「公序良俗」與「迷信」的理由。〔註88〕原始巫術、神壇、神廟與宗教，都有著一些關聯性的特質，尤其在信仰儀式與信徒的發展上。原始巫術，不論是自願或偶然與神靈相通，跟正統宗教的自力、他力修道層面，以及民間教派的提靈、合靈儀式，在在都有雷同之處。但神壇也有與神廟不同處，這兩者又與通常具有教會性質的教堂與寺院或宮觀不同，神壇之所以不同於神廟，乃因其為私人所擁有。〔註89〕神壇比其他道場，更具有神秘性、爭議性與危險性。

正統的宗教，因政治的拘限與道德的規範，離民眾的現實救贖越來越遠，乃興起由在家人出來領導在家人、在家人教化在家人的宗教意識與組織，而不棄巫術的施行與秘法的研習，以及各種經教的吸收。這些庶民化的民間信仰，其宗教聚會通常在領導者（傳道者）的住宅內進行。〔註90〕其宗教聚會之內部關係，一方面是連帶力極強的社群，另一方面橫向之間也有若干聯繫。〔註91〕這些民間教派，與佛教不同的，是往往會宣稱為了修行具有美德的生活，而凝聚在一起，形成具有永久性的共同體。〔註92〕在台灣的神壇，亦如是，由於宗教聚會在私人住宅內舉行，政府不易瞭解與掌握其活動，加上每一神壇發展到某一階段，會以各種職位來做直的聯繫，因而這些

〔註86〕鄭志明《台灣民間宗教論集》（臺灣學生書局，民73年9月），頁105～106。
〔註87〕《民粹亡國論》，頁27。
〔註88〕林本炫〈民主政治為解決政教衝突之根本途徑〉，《台灣的政教衝突》（稻香出版社印行，民79年8月），頁137。
〔註89〕林本炫〈宗教立法應審慎為之〉，《台灣的政教衝突》，頁160。
〔註90〕de Groot, J. J. M. 1903. Sectarianism and Religious Persecution in China，台北：經文書局，1963年重印。
〔註91〕酒井忠夫《中國善書的研究》（圖書刊行會，1978年），頁467。
〔註92〕Weber, Max 著、簡惠美譯《中國的宗教：儒教與道教》，台北：遠流出版，1989年。

宗教結社單位，被橫向的聯繫起來，從事各種法會、參訪與進香活動，便成為一股龐大的動員力量。而群起以會靈山，更是微妙。有些神壇是以算命、除煞、轉運為主作，有乩童或卜問神明的神秘性儀式，這些個體戶大抵不歡迎他人來訪問。有些神壇或佛堂，初時採「親渡親、友渡友」的方式進行，佛堂較受社區住民歡迎，而神壇則易吸引外地人，久而久之形成社群組合，有著獨特的社群主義。如神壇進一步的發展，勢必如一貫道，由家庭聚會走向公開聚會；或加入某種協會如佛、道教會或學會，以增加聲望並掌握時代脈動；其教義與儀式，也會隨著信仰內容的融攝而改變，如放棄扶乩、乩童，而改為讀經會、同修會等人才訓練班的方式，積蓄對社會未來可能的影響力與貢獻，並配合政府推行各種文化復興運動〔註 93〕，如台灣的慈惠堂印善書以弘道。

七、結論

　　考察民間信仰，它可以歸納出幾的特點，一是民間信仰的根源不在天上，而在人間，是人類心靈的投射；二是農業社會的自然崇拜跟植人心，產生以食為天、天人感應、天人合一、人神溝通的觀念，謀求人與自然相生相得，人與神創造和諧生活。三是萬物有靈觀念，造成滿天神佛的民間信仰；此外，其他原始的巫術、圖騰與靈魂崇敬等也遺留在今日的民間信仰之中，而佛道兩教的齋醮、懺法、祝禱和符籙等有明顯的巫覡色彩；四是各宗教不論是本土的或外來的，在某一程度上容忍或容受、吸收既存的民間信仰，互相推波助瀾；流行的民間佛教或道教，只能算是世俗的或民間的佛道教，深奧的部分屬於高僧或有道之士，一般民眾所最關心的，通常只限於跟現實生活相關的信仰。五是祖先崇拜，也民間信仰的重要成分。六、民間信仰有精神上的需求，也有濃厚的功利性，拜一神不如拜多神，拜一廟不如勤登三寶殿，拜一神壇不如多會靈山去，都是功利的寫照；祭祀代有請客、疏通或賄賂的意味在，且絕大多數的民眾並不屬於任何宗教團體或不專屬於某一個宗教團體，即使人在，心也未必真的全在。七是民間宗教有著濃厚的倫理道德成分在，這是它歷久不衰和得到普遍流佈的一個原因，在這個神道設教的傳統之下，任何人只要有貢獻，便可被升格為神，讓後人崇拜和效法。〔註 94〕

〔註 93〕宋光宇《天道鉤玄》，頁 134；1988 年一貫道總會《一貫道簡介》。

〔註 94〕柳立言〈宗教與民間信仰〉，《中國社會史》，頁 312～313。

　　台灣是個多神、多信仰體系的區域，無論是傳統的佛教、道教以及原住民巫術信仰，或者是新興宗教、修行團體以及種種基於信仰衍生的算命解惑、改運、求子、醫療、消障等，在社會上隱然成為一股龐大的宗教活動，此中最難以掌握的莫過於「神壇」現象，其人物以乩童與靈乩為主。鄭志明教授在〈台灣靈乩的宗教型態〉文中說：「小神壇的靈乩主要的宗教使命，較重視的是與靈界溝通而來的濟世醫療，明白神明為何附身的原由，願意與靈神合為一體，展現出共修的救世情懷。」〔註95〕這讓我們瞭解何以有人自稱是神明的代言人，然靈乩者強調的是自我靈性的開發，進而可以成為靈神或某神明在人間的化身，致力於神靈降臨人間的任務與使命。而乩有理有義有邪有正，「乩生要有本能慧性及心存善念，方能勝任。」神壇，雖然自古以來就是中國民間信仰的一支，然而卻不受學者關愛而加以研究分類。基本上，其以神明解決人生問題作為開端，除了以神明靈力為主體外，往往包裹著各種神通的外衣，特別在現代社會中有些被過度的誇張，使得真正在為大家服務的默默耕耘者被蒙上迷信的色彩，因此無論海峽兩岸或者是先進國家，無不重視此宗教現象，試圖尋找出較為合理的定義與管理機制。

　　目前的台灣，神壇幾乎無處不在，往往多數屬於個體戶性質，可以簡單到通靈，預言、治療、風水、避邪、除鬼等等。早期的台灣宗教，以寺廟為主體，在運作上有其一定的規模與信眾基礎，而神壇則以解決現實問題為主。因此，談到神壇，暫時性排除了關於媽祖等台灣正統的佛教道教信仰、祠堂、基督教與天主教、回教以及印度或小乘修行、瑜珈行者、新興宗教等（如一貫天道、真佛宗）已成教會、教派者，而以民間信仰行為中常見的乩壇為主體，其次是鸞堂、神廟。

　　因此，個人先定義「神壇」如下：基於宗教神明或靈異力量，解決信徒困擾，或增進信徒宗教生活品質的團體。此中至少應包含宗教工作人員，藉以傳達神意者，如乩童、神婆、道姑、修持靈乩者或解籤算命、通靈者等等。宗教儀式行為的神聖場所如神桌、寺廟、或者臨時性的布置場所。第三至少有需求的信徒或者尋求協助的人們，這些人提供神壇的供養。神壇的所有者，可能是捐贈者、或者是出家師傅、乩童，甚至也可能是信徒建設起來供養修行者；拜現代科技所賜，在傳播媒介中造就大量關於神通大師和鬼神、算命現象。過去的宗教學者，多著眼於大型宗教團體的討論，如基督教會、佛教

〔註95〕《宗教與民俗醫療學報》創刊號，頁22。

團體等，而對於屬於神壇部分則較付諸闕如。目前政府多數管理，也集中在登記有案的宗教寺廟中，而特別是個體戶的神壇，根本難以掌握，更何況是想瞭解其中的生態和可能產生的影響，還有其符法咒術也讓受害的民眾心懷懼怕。

本文透過史料以及一些專書、因果感應事蹟，企圖分析可能的神壇現象；另外配合一些初步的田野調查，看看一些大街小巷神壇的經營，以及訪談過程中所知的神壇狀況；再配合個人的宗教靈修與實務經驗，通盤思考台灣當前的民間對神壇現象的初步分析，信仰與神壇現象問題。就參與神壇的信徒而言，其優點：對於個案問題可得到諮詢或解決的方法，也強化了信徒對道德與宗教生活的努力。缺點：因過度的相信某神壇，以致於有時會影響到家庭的和諧；此外，過度相信宗教層面，忽略了以法律、醫學與道德層面為現實生活的前題，反以為只要藉助神力就可化解長期以來的因果業力糾結；信仰的行為如殺生、求改運，違反了正統宗教的倫理道德，一味依賴神明，漠視個人品德上的缺失，等發生不幸情事，又怪罪神明說：「我虔敬神！我奉獻多！為何天不祐我？」枉顧自己因果；一般私設的神壇，對於公私雙方金錢糾紛與利益問題，常糾纏不清，比登記有案的寺廟還嚴重。林本炫在〈宗教立法應審慎為之〉文中說：「神壇或私建神廟之主持人想要斂財，他不需要費力申請設立財團法人或宗教法人，也不用向有關單位申請成立宗教或教派。」如宜蘭壯圍天君殿、貢寮天后殿私家神壇就是例子。

總之，台灣的神壇雜糅在民間俗文化之中，很難辨別它是否純屬於儒釋道文化中的那一類別。台灣的神壇，如古代巫師，「著眼在當前問題的解決」；有些會運用神跡來吸引信徒，並會善用媒體來宣傳其靈驗事蹟；有的會運用名人與政客的到來參訪的鏡頭，向信徒與社會宣傳其靈驗威名，以擴展其教團勢力。有些私設的神壇，配合著信眾或社會的需求，逐漸放棄其扶鸞、乩鬼乩神乩仙的活動，走上了修道之路如吃齋、勸善、靈修。但只要信徒的疑惑與急難問題，在正統宗教、中西醫、心理學家的領域上不能獲得妥善處理或解決時，就有適合滋生神壇扶乩、乩童存在的養分。〔註96〕套句佛語說：「法不孤立，仗緣以生。」也就是說：「不管如何改變形式，天人溝通的宗教特性，依舊存在。不可以認為民間宗教的神通法術，就是愚民的迷信行為。」

〔註96〕李崇信〈宗教醫療之法律問題研究〉，《第三屆信仰與儀式學術研討會》，頁32。

〔註97〕台灣的神壇，或以個體戶為主，以營利、渡世，乃至於以修行為主；
或因信徒漸增，以及宗教體驗與吸收各宗教思想的關係，而走向神廟的性質，
但未必登記在案；有的因社群信徒廣大，使其信仰社會化、組織科層化，儼
然是一種新興宗教；甚至有的因公開活動，參與政府的文化活動，而逐漸形
成教會或教派。乩童與靈乩、神壇與神廟、新興宗教與正統教會，都僅是一
線之隔；但直等到它們造成聲勢，對社會有廣大影響的時候，社會學者才會
因此新的發展對宗教的多種形式加以觀察、解釋〔註98〕，政府才跟著去瞭解
其性質與功能，研討管理上的對策。社會現象的發展，常比政策的施行來得
快還早。

身為人類都有某種程度的迷失，所以中共學者郝鐵川說：「芸芸眾中，還
有相當一部分是文盲、半文盲和科盲。在這種情況下，如果試圖朝夕之間根
除人們對宗教鬼神的信仰，是極不現實的。」〔註99〕更何況宗教鬼神信仰，
與人類的人格狀態、心靈本質與當事人的人體氣機，有絕對的關係。中國古
代獲知神意，有三種方法，即通過做夢、昏迷、坐忘，使靈魂與軀體分離，讓
靈魂與鬼神溝通，聽取鬼神訊息。至今的人類依然，這種通過內心體驗而獲
知神意的神秘經驗，是中國人內傾性格所造成的。〔註100〕自覺者，深造自得，
然歸而求之有餘師。一般民眾缺乏知識與無餘力靠自己內心實證，遇問題每
每求助於某神明代言人，以求實效速用。所以切忌低估民眾的理智，不可見
人有求神、卜卦、抽籤之舉，就稱呼此人無理性或迷信。但宗教信仰，需要以
正確的觀念引導，而神壇鸞堂要善加管理，以加強其對社會上正面的功能，
係基於現代化國家的社群主義。

此外，政府當教導民眾對宗教、民間神廟與神壇的正確認知。「一味的追
求神蹟，或過度強調神蹟的超越性，不但給予有心人士操弄宗教信仰而詐騙
的可能與空間，更模糊或規避發現現實的可能。」〔註101〕神蹟的重要性，取
決於信眾的理解，神蹟的判別，非法律所能決定，而這確實有賴宗教團體的
自我規範與自制，還有政府的加強宣導，以及民眾的自覺力。此外身為宗教
徒，對於神通術要有正確的知見，避免被乩鬼、靈乩或通靈者所迷惑，而忘

〔註97〕《台灣民間宗教論集》，頁172。
〔註98〕《社會中的宗教》「一個結論性的歷史證明」，頁33。
〔註99〕《中國間信仰研究》「引子」，上海古籍出版社，2003年7月。
〔註100〕前引書，頁266。
〔註101〕李崇信〈現代社會神蹟的法律研究〉，頁36。

卻宗教徒的戒行。對佛教徒來說，不應該敬事天神，也不應該毀壞佛像；就佛法立場，神通並非究竟之道，是無常變化，不可倚恃的，更何況是乩童、靈乩之感通心象，更是虛妄不實。〈佛法面對鬼神〉一文中說：「許多人對預知事情的能力，或是看到鬼神的人，都崇拜不已。其實，關於這種感應力，越原始的民族感應能力越強，例如非洲的原住民、馬來西亞的巫師，都有特別的感應能力。此外，像狗等動物也能感應到鬼神的存在，但卻很少有人會崇拜狗。」〔註102〕慶幸的是，拜理性教育、社會文明與媒體傳播之賜，隨著時空推移，在台灣宗教團體與場合越來越多，而民間信仰的人口逐漸減少，而神壇功能也一再的轉型，更加講求心靈的提昇，人們也越來越重視自己的「法性慧命」。由是人神溝通就更加具有功利性與實效性，方能面對信徒的需求，其原本神秘的面紗逐漸被揭開，迷信的成份也將一一退去；台灣的神壇界，早就興起了一股會靈山，以及強調靈乩素質與自覺靈性的運動。

總之，惡質化的污濁心靈，或者是人類心靈結蓋下的一些不理性行為，是宗教信仰〔註103〕與倫理道德的問題，對於這種現象，魏元珪教授在〈宗教與哲學新探討〉一文中則說：「必須仰賴宗教與哲學的大覺悟。」〔註104〕目前政府對於新興宗教、民間信仰或者是神壇，是本著「宗教信仰不可以違反公序良俗」，已不像以往居於政治考慮，而動用情治單位來監視。但目前社會上還存在著「宗教與迷信」、「正統與異端」如何界定的問題。除了經濟的發展之外，民主化與自由化已使台灣為世人所注目，然而誠如林本炫所說的，「要檢驗一個政府的民主化程度，或者其體質之轉變與否，更深層的標準應在其社會與文化政策上，也就是其是否以民主的精神與原則對待宗教團體，此乃因為其對國民之基本人權可能有更大的傷害。」〔註105〕

八、附錄：神壇與佛堂之探訪　吳世英整理

（一）草山慈提堂

吳文佐口述（53歲），自營店面（早餐店），2004年5月12日。

〔註102〕《神通的原理與修持》（中國社會科學，2003年1月），頁214。
〔註103〕林本炫《台灣的政教衝突》，頁140云：「宗教團體或教會本身，依其教義與信仰，是否要行使此項（指正面與負面的特權）權利」，則為其自身之事務，外人自無可論斷。」
〔註104〕李莊懷義等著《展望二十一世紀》（空中大學，民86年6月），頁47。
〔註105〕林本炫《台灣的政教衝突》（稻鄉出版社，民97年8月），頁139～140。

訪問者：段承恩。

1. 幾時興建，主神為何、目前執事為何人？

   (1) 自 85 年開始正式接觸，並發願興建，迄今已小有所成。

   (2) 內中主神為觀世音菩薩，另供奉關聖帝君、天上聖母、王母娘娘、濟公活佛等仙佛。

   (3) 堂主（執事者），林傳觀（傳觀為法名），其由來皈依中台禪寺師父所得。

2. 信仰何教派、及其大概，人員多少？

   (1) 此團體沒參加任何教派，團體中人士以修佛為主，非個人去拜師學習。祭祀方面，是以道教為主體祭祀信仰。

   (2) 最早只有三人，但經過四年努力經營，目前每次出去參訪已有三部遊覽車之人數，參加之人皆主動加入、不強求。

3. 信仰祭祀活動，各項宗教儀式為何，是否有扶鸞降乩，一般詢問何事居多？

   (1) 以農曆 2 月 19 日觀世音菩薩聖誕為主要祭祀。

   (2) 參考儀式是由觀世音菩薩，直接降臨執事人員，來進行各項儀式、祭典，非去觀看他人如何操作儀式、祭典。

   (3) 藉由神佛之力，降乩給團體中修習之人，神佛所說非聽不懂之神語，而是以一般口語白話表達（神與神溝通是用天語，神對人是用一般口語）。

   (4) 一般詢問之事為：婚姻、愛情、事業、買房子、開店等；一般投機、博奕之事不過問，也不幫助詢問。

4. 信仰及建廟經過，自身感受及如何協助他人解決問題？

   (1) 建廟之前自己是屬於不相信鬼神之說的，經過種種機緣及獨特的靈異現象後，才開始相信並投身其中，在此時期自己感覺要效法觀世音菩薩大慈大悲的精神，與同修商量後進入宗教領域，自己宗教非純信仰，具有道教祭祀等儀式。建廟時請示觀世音菩薩要如何興建，廟內之開銷皆保持平穩，在興建之時皆獲得有心人士之贊助。

   (2) 為何會信仰應該是自己所體會到的靈感，而且與所碰到的東西，自己剛接觸時，可以感受到很多靈感（感應），後來比較少，因為以

平常心對待，所接觸之事為一般人無法用科學理解之事，如精神異常、身體不適等。個人方面是不主動要求協助解決，是經由他人轉介來此（透過信仰得到訊息，用外來力量治癒），但看治療之人能否接受。

5. 靈修中的一些相關問題？

(1) 在我們團體中，大家研究，在能力範圍內。不曾見過實體的鬼，人如果被附身有可能看到某些東西，但並一定是知道何物附身，可能是能力的問題，不過可以得知或看到神佛的降臨指示。

(2) 我們團體靈修方面採自修，因各有各的工作，目前也不接受有人所提靈山路線，認為以內心平靜去修，以某種能力感應，而產生靈感。

(3) 自身所修是以佛法為主體，不去做流血之事（一般廟宇操五寶之事），以修自身本性為主。

(4) 團體中靈修之人，並無發現走火入魔之事，警惕自己不能如此，平常心面對，自己覺得不要炫耀神明或是個人能力，用正常方式渡人，常鼓勵他人多去聽大師們的說法，以求更完善的境界。

(5) 自身靈修團體中，從別的地方修習尚淺進而轉來學習的予以協助，但在別處修習已久，再轉而學習者，則不予接受。

(6) 修習時間尚淺時，如遇對方以無形之物，欲對自己不利時，則加以反擊，現今是以無形的方式來渡化對方。

6. 與所居住地區週遭關係，專長、傳承，對政府宗教管理有何看法？

(1) 廟地是自己的，無產權問題。

(2) 香油錢歸廟內支出之用，自己開早餐店供自己生活所需。

(3) 廟有祭祀慶典，如：燃放鞭炮，祭祀活動等，皆會顧慮周邊鄰居的感受聲音降至最小，不妨礙周邊安寧，也不說粗魯之話。

(4) 自身因之前較放蕩不羈，所以在民國 85 年開始靈修後，週遭都持懷疑眼光看待，但現今已有人開始接受，不過以外地信奉的較多。

(5) 專長目前還在修習中，每種方面皆有接觸一些。傳承上是自我摸索學習的。對政府宗教管理目前尚未去了解沒辦法發表評論，等深入了解再來討論。

現今陽明山地區的宗教信仰（陽明里），皆集中在陽明山加油站對面的建

業路上，共有四間：順天府、慈慧堂、慈提堂，（此三家皆有指示牌，順天府以王爺信仰為主、慈慧堂也是祭拜觀世音菩薩，與慈提堂有淵源。）草山代天府，（每指示牌，也是王爺信仰。）接鄰近歐橋學校及 ICRT 電台附近。

（二）北埔天公廟

1. 住址：新縣北埔鄉南興村 8 鄰公街 15 巷之 11 號。
2. 供奉主神為何：玉皇大帝。
3. 傳承來自何處：北埔鄉南埔村－金剛寺。
4. 從事何事：抽籤、占卜、畫符水。
5. 主要祭典：正月初九－天公生祭祀活動，舉辦屢斗樣燈的活動。
6. 起源：已知來台很久了，但不知是哪個地方來的。金玉堂天公廟管理員：黃百忠（無住持）。

　　北埔鄉金玉堂天公廟由來，是從日據時代說起。有兩位很虔誠的信眾，一位是姓蕭人氏，另一位則姓氏不詳，之前因生怪病到處就醫也沒用，到了台中的一間供奉玉皇大帝廟宇，誠心誠意的祈求，病好後非常感謝玉皇大帝，從台中恭請玉皇大帝暨列聖仙佛菩薩北上，尋找地方建廟供奉，因當時在日本統治之下，台灣傳統信仰普遍被禁止，所以這兩位信眾，依神明的指示，前往大雅、豐原、后里、三義、苗栗、頭屋、造橋、頭份、新竹、珊珠湖、峨眉……等地，每到一個地方，就請示神明是否為落腳的地點，最後到北埔鄉南埔村番婆坑 82 號。當時這裡一片荒山野嶺，並請示神明此地點可否建造廟宇，為神明所許，結果就這個地方開始動土建造廟宇，完成後就取名為金玉堂。兩人就在這座廟宇定居下來，一方面代替神明宣化，一方面自我修行，後來那位姓氏不詳的信眾就往生了，剩下姓蕭的人氏家族繼續傳承。到第六代蕭老先生去逝後，蕭老太太每天燒香奉茶，年輕的往外地發展無心繼承香火。

　　有一天家父（管理員的父親）從竹東到北埔來做生意四處遊蕩，不知何種因緣，還是冥冥中自有安排，既然到此山裡來，也碰巧到中午時段，看到一間廟就不由自主走進去參拜，抬頭一看原來是玉皇大帝，俗稱「天公」神像。當時蕭老太太很客氣邀請家父（管理員的父親）吃午飯，並提起這間廟已有一百多年了，是她們祖宗留下的，因為他的孩子們沒有一個能繼承這志業，也沒有心經營這座廟，屋頂已破舊，下雨也會漏水，她是一個婦道人家沒有辦修補，也很擔心這樣下去不知怎麼辦才好。家父聽了這番話後，便向

蕭老太太談及下次找人來幫妳把屋頂的瓦片修一修，不要再讓它漏水。結果幾天後家父便抽一天時間把屋頂的瓦片修補好了，沒想到蕭老太太竟然燒香向玉皇大帝禱告說這位黃鵬舉很有心要蓋一座廟宇給神明居住，使廟宇香火鼎盛。在那時家父聽了一下，愣住不知如何是好，心想我只是幫你把漏雨的情況改善，這下可好了！我哪有那麼大的本事能蓋廟給神明住，而且在這麼深山裡更是難以辦到，如果可以遷到別處去蓋造，我就可以做到，但是在這深山裡如何讓香火鼎盛多人來拜呢？

最後也是請示玉皇大帝，能不能遷移到現在這北埔鄉南興村公園街 36 之 11 號秀巒山下附近，在這裡建造鋼筋水泥兩層樓的廟宇，同時造福庇祐全北埔鄉民平安，以聖杯為準。那時家父只會抽籤、算命這個法門，就想到「謝天福」先生，人稱阿福伯，會跳乩童問事代天宣化及指點迷津，幫信眾補運改身體等等。因此在神明應允答應協助下在此興廟。

在我印象中，是民國六十年在南埔老廟開始問事渡眾，神蹟顯赫也有很多得到感應北埔鄉鄉親大家捐獻一共兩三萬元（當時兩三萬可買地買房子）向地主彭菜發買下這筆差不多三百坪的地，開始動工。因為是山坡地，又是很堅硬的牛肝石，不容易打造而且交通不方便，也是一磚一砂都是以人力肩挑做起來的，而如今才有現在的天公廟。

7. 是否有扶乩活動：

有抽籤、算命、跳乩童問事、代天宣化、指點迷津、幫信眾補運改身體等等。

（三）中和寶華宮

受訪者：謝太太（住持）。

1. 建廟的起源？及廟中的歷史？為私人所有，已有 5 年歷史，當初興建純屬於神明之間的緣分，因受到感應而興建此宮。

2. 廟內的主神為何？副神有那些？各有何職責？主神是觀世音菩薩，副神是土地公和濟公，皆有所主但職權分屬不清。

3. 主祀者為何人？地點在那？ 沒有主祀者，為屋主所供養。

4. 祭祀日期為何？ 為觀音誕辰但是祭祀活動不多。

5. 有何神蹟？自己或他人的經歷？ 將被煞到（指中邪或是需要收驚者）的人，並將身上有髒東西（指受到邪靈入侵或是被鬼附身）的人，藉由法術醫好或是將邪靈趕驅除。

6. 日後發展？　沒有想到什麼發展，就以維持現狀為主。

7. 有否扶乩求鸞活動？　有，大多是濟公活佛降臨，解答一般信眾求神問卜的疑惑。

9. 信眾大約多少人？　沒有什麼信徒，大多都是附近的鄰居或朋友在信奉參拜的。

10. 有任何參拜活動嗎？　有，大多都是每個星期六或日，到外界有相關的寺廟進行參觀訪問。

11. 廟內如何凝聚信徒共識？　這宮沒甚麼信徒，所以沒有什麼能凝聚共識。

12. 對內政部宗教管理法有何看法？　這宮是私人的，所以對宗教管理法沒意見。

13. 特殊祭祀活動，或是特殊祭品？　沒有。

14. 廟內傳承為何？是何教派或是從那分靈？　到外面去看外面如何做跟著學，然後自己去建此寶華宮。

（四）萬華先天道院

早先於大陸山東、上海、廣東等城市，均有信眾們默默修持，當時皆是在家修行者，後因戰亂加上共產主義無神論，無法淨心修行，因此在明朝中期由所謂的師父張天然、師母孫慧明旗下的十八組人馬輾轉至台灣發展傳道，也因此有十八人先後到台灣各找據點渡化眾生。落腳之後各組十八組，十八位領導人分佈全臺各有組名，其中組員較多的有：基礎、法一、發一、興毅、寶光、文化組……等。而這座先天道院，是屬於基礎組，於民國 63 年建廟。

廟內一樓大殿中央供奉老子〈太上老君〉，兩旁為觀世音菩薩即媽祖，三樓則供奉主神明明上帝。老子主張性善，提倡儒家思想、觀世音菩薩普渡眾生、媽祖是海上守護神，明明上帝為宇宙主宰，也是造物者。

主祀者為林伯伯，負責人是張培成先生，先天道院位於台北市萬華區寶興街。廟內講課述說前人修道之成果，不僅能渡化眾生，也能讓自己修心養性，讓信眾凝聚一個共識萬事不如修道好。日後研擬創辦一所一貫道大學。

本教的特殊物品沿革是三寶：一寶，玄關〈靈魂出入之處〉；二寶，口訣〈即密語，非求道人不能言出〉；三寶，合同〈即手印，雙手合抱〉。二十年前有扶鸞，但現已不在舉辦，因希望道親首眾修心養性以及渡化眾生，不要侷

限形式上的儀式。本教信眾海內外加起來約三百多萬人上下。每月初一十五和佛祖祭日都有祭祀活動，祭品以鮮果二十盤為主。

一貫道傳承了釋迦牟尼佛教義：慈悲為懷、救濟眾生、脫離苦海、離苦得樂，以證佛道為宗旨進行傳道。一貫真傳承繼先天大道遺風，重振中華固有文化。一貫道所秉持的基本信念，就是要人們能夠回頭去認識這個生命的起源，最後與這個宇宙的至道合而為一。一貫道是集合三教精義：道家的修煉、佛家的慈悲、儒家的思想三教合一。三教合一的原因，是在於道教與儒家只是被動地在人之為人以後，尋找如何成「聖」與成「仙」的方法，而忽略了人的靈魂與本性是從哪裡來的問題，兩家都在探索如何「絕情返性」，只提出模糊的目標，而不能具體的將所有的過程與階段作最確實的細分。這個空白地段，便留給原本即從靈魂來源開始探究的佛教。於是三教合一的說法，很自然地成了解決一切問題的根本之道。

據說院內有位癌症病患，醫生判定他已經沒有希望復原了，在失望難過之於他誠心的發願，希望上天能幫助他，也承諾復原後會繼續傳道救濟更多人民，最後他奇蹟似的漸漸復原，連醫生都感到訝異，後來他出院後，也實現他的承諾四處傳道。

（五）木柵聖德宮

1. 建廟的起源？及廟中的歷史？建廟為民國 69 年左右，距今約有 24 年歷史。為何建廟只說是與神明緣分因而在此地建廟。
2. 廟內的主神為何？副神有那些？各有何職責？ 廟內主神為池府千歲，副神眾多約有 20 多尊，其中以太子爺、濟公、媽祖、觀世音菩薩……等神明，主要因為消災解厄，化解糾紛為主（陰陽兩界的）。
3. 主祀者為何人？地點在那？主祀者為馬太太，其地點位於木柵文山區。
4. 祭祀日期為何？以池府千歲誕辰農曆 6 月 18 日為主祀日。
5. 有何神蹟？自己或他人的經歷？ 沒甚麼出眾的，但是附近民眾都說很靈驗，因該是心誠則靈。
6. 日後發展？ 想繼續維持下去即可。
7. 特殊物品沿革（由來）？有自己獨創的神轎，是為了慶祝池府千歲誕辰設計而來。
8. 有否扶鸞起乩活動？ 有。

9. 信眾大約多少人？　皆是附近信眾，人數說不上來。

10. 有任何參拜活動嗎？　每年定期到南部進香一次，主要參拜的有麻豆代天府、南鯤鯓代天府。

11. 廟內如何凝聚信徒共識？藉由每年定期到南部進香一次，凝聚廟內信眾共識。

12. 對內政部宗教管理法有何看法？　不知道沒有看法。

13. 特殊祭祀活動，或是特殊祭品？　獨創的神轎。

14. 廟內傳承為何？是何教派或是從那分靈？　南鯤鯓代天府分靈而來。

（六）花蓮慈惠堂　許靜文

1. 廟址：花蓮縣吉安鄉勝安村慈惠三街 136 號

地點的選定——當初想說既然在花蓮讀書，就應該要對當地的民情風俗略知一二，以後談起對花蓮的認知時才不會言語無味，所以擬訂在地的寺廟做為題材。既然要探討當地寺廟，一個有名氣的寺廟談論起來則格外「有料」，故選定「慈惠堂」（花蓮人建議），也會連帶討論一些與勝安宮的關係。探訪過程——我在預計前往探訪的前幾天，想用電話預約並且拿我的大綱去讓說明的人過目，不料我一到慈惠堂說明來歷後，堂主恰巧出現，立刻拿一本關於慈惠堂的介紹給我，且霹靂啪啦的講解起來，讓我措手不及（本來想準備 V8 或錄音機的），還好我朋友剛好攜帶一台數位相機拍了我和堂主訪談的情形，但後來沒電了，很可惜，因為堂主還帶我去看許多館藏資料區，平常人是不能隨便進入的……所以有的東西我事後再去拍攝也拍攝不到，只好僅做口頭上的介紹了。

2. 主祀神明：無極瑤池西王金母

3. 配祀神明：

玉皇大帝、儒道釋三教教主、紫微大帝、東華帝君、南斗星君、至聖先師、釋迦佛祖、太白星君、五壽天君、好佑帝君、太乙天尊等。

4. 慈惠堂跟勝安宮的歷史淵源：（由堂主言論及簡介手冊節錄）

有關慈惠堂的發跡，有著以下的傳說：民國 38 年 8 月 15 日，有一位蘇列東的年輕人被金母娘娘附體，說「我乃金母娘娘，為救世渡眾下凡。」一時之間，鄰里間傳開，社有香案，每日問病、求治、尋人、問事不斷，且都很靈驗。接著金母娘娘收了五十一個契子女。後來信徒意見不一，分為兩個系統，一派分得香爐為慈惠堂（其中的 34 個人），一派分得金身為勝安宮（另

外 17 個人)。慈惠堂信徒改著青衣,勝安宮信徒則仍穿黃衣。起初兩方皆以
尊奉「王母娘娘」為名,唯慈惠堂欲登記建廟時,由母娘託夢於信徒,易名為
「金母娘娘」以便順利取得登記,得以儘速展開建廟事宜,至此才正式分為
參拜「西天王母」的勝安宮及參拜「瑤池金母」的慈惠堂。

而上項說法卻遭當年一位契女推翻,她表示,母娘原來只收五十位契子
女,然而有一名叫「金茂」的信徒身染重病,求助母娘,群醫束手的惡症在服
用母娘香灰爐丹即告痊癒,金茂感恩不絕,拜母娘為契母,成為第五十一位
契子,此外在未獲母娘同意下,擅自買了一座金身至北濱偷偷開光點眼,並
借初次顯靈的草廟的乩童為信眾作法,一時聲名大噪,信眾又移往北濱參
拜。唯好景不常,沒多久該乩童竟滿口胡言亂語,不知所云。信徒們又回到
原草廟膜拜。

雖然民間稱「王母娘娘」和「金母娘娘」非同一位神祇,然而考證古籍,
「西天王母」和「瑤池金母」應為同一位神祇。據南朝梁陶夕景真誥王甄命
授:「昔漢初有四、五小兒,路上畫地戲,一兒歌曰:『著青帛,入天門,揖金
母,拜木公……。』所謂金母者,西王母也;木公者,東王公也。」而求證於
聖地慈惠堂堂主,也告以「係同一位神祇」,民間傳言不足為信。堂主特別提
出:我們不是只像一般廟宇用鑲金字體,採用這種極度費工夫的石刻技術是
要讓那些擁有傳統技術的師父有用武之地。至於內容——「東海月」即是花
蓮的古早名稱,還說以前這一人區(目前的勝安村)一直到車站附近都叫
「北昌村」,後來人口數實在是太龐大了,就被另外分成一個新的村,而當時
慈惠堂已經赫赫有名,當地府就決定以「勝安」當作村名,期望能打響勝安
宮的名號。

5. 分堂遍佈全省:

自從瑤池金母聖鸞降駕到花蓮縣吉安鄉之後,台灣瑤池金母的信仰就發
展得相當快速,信徒遍佈全台。其信眾組織縝密,向心力都非常強,樹立親
如兄弟姐妹的宗教團體典型,規律教義嚴整。慈惠堂以黃色令旗、身著青衣
為標誌。每一個西王母的義子義女見面都以師兄、師姐稱呼,信仰瑤池金母
的宮堂都以慈惠堂或者勝安宮、瑤池宮、王母宮等為宮名。有信眾自總堂中
請出令旗或金身,供全省各地民眾膜拜,由此設立一千五百多處分堂。堂主
特別聲明「只有這間廟敢用「總堂、發祥地」等字眼」,可見它獨具的重要性。
大門外有兩隻「貪獸」,堂主告訴我們:「這就是古代繡在官服上的圖樣,是

警惕那些做官的人，勿存貪念，否則將被貪獸吞食！而在廟外這兩隻則是提醒我們一般人不要貪心。」他說這也是本寺廟特有的，有別於一般寺廟的石獅子。

6. 我問到關於堂主傳承的問題：

他說：「全看神明指示！」至於他現在身兼「主任委員」一職，則是由信徒們聯合選出的。另外，他看到我的問題上有」政治」這項目時，顯得有點激動：我們是絕對不會支持任何黨派，只要來這的人就是我們的信徒。其實……我只是想問問平時「有沒有政治人物特地來這裡參拜」，以確知這間廟宇在當地的影響力如何罷了。

（七）宜蘭天君殿　吳世英

2004 年下半年，一行人參此道場，半年多，每週兩三次台北宜蘭奔波，收穫也最多，知道一些道法竅門與宗教經驗。此地是賴建成老師的表弟陳世雄君介紹的，他到天君殿問事已是多年，後來考上了法警，他以為是道祖加被之故，就大力推薦，但未能如願。後來為演戲酬神，向表哥募款，老師試問多人的事，頗駭人聽聞，就去觀察個中玄奇處。後來由老師引領我們去見識天君的道法，看佛道密有何差別。曾問道：「明復法師與印順長老的壽元如何？」他說：「不久會收去！」問：「會不會燒出舍利子？」它說：「會！」但問我考試事，則頗要商推了。曾有學妹三人偕往某神壇問事，沒辦甚麼就花了大筆錢，從此老師嚴格禁止門人前往某些處所，以免生事。林師父說，一些為神明辦事或看風水算命的人，之所產生障礙，都跟錢財或色慾脫離不了關係，我們修道人、幫神明辦事不能不為之戒慎！

1. 地點與主事者：宜蘭壯圍鄉古亭村古亭國小附近大馬路旁，林道長自號無極天皇，說其妻是觀音的書記，又稱為天母；在遠古時代他是地藏的坐騎老虎，逢小美女常說此人帶有天命，時有準度。
2. 性質：當地稱之為虎爺廟，主祀有太上老君、三清道祖、元始天尊、九天玄女等十多尊神明，還有一隻虎爺在神桌上。
3. 開辦狀況：以前在淡水，後來遷至宜蘭，這幾年才搬到此處幫人辦事，有十餘年了，頗負盛名，每有問事所答神速，就某些事實來說準確性很高。
4. 辦事方式：以道祖領導出遊，採集體神祇議會方式，其通靈感應很快，查人狀況乍看很有些準頭。通常幫人收驚，她夫人也會，都是清字輩。

當地人來問事，大抵捐獻一二百塊，台北遠地來的一千多塊。有幫人開大張符令辦事，除煞化邪則用土地公金紙兩個人形標誌的，用硃砂畫符蓋印。大張符令，則寫上問事的當事人姓名地址年齡，您一邊問話，他邊寫上所謂的神明字。其一身兼乩身與桌頭，甚為罕見，有高級靈乩的架勢。

5. 所屬學會：中國太上全真道教會。

6. 傳承：道祖示現抓乩的，他本是跑船的，父親當貢寮媽祖廟主事很多年，其妹妹在老家成立帝王殿，台北也有其徒弟開宮廟在往烏來路上。其傳承來自虛空界，其旨令非普通有形符令能比，真的有其破邪度靈煞的效力。

7. 功力：問事頗有些靈驗處，跟他學的女徒弟據說也有數個，家中有兩個孩子，頗為乖巧直樸。其處平常沒有辦法會，但假日都有一些常跑靈山的會來找他聊天，都是辦宮廟的，稱他為道長，有事就請教他該如何辦理。他說一些神壇，無人監督時，或其人心力薄弱時，都會露出貪色貪錢的跡象。

8. 如何幫人除障：小事用大小黃紙，畫符蓋印，大張的拿到門口旁爐火中含金紙燒卻即可，小張的符紙帶回去燒卻和著清水喝洗用。有時會幫人畫行車平安符，但掛此符開車會很有衝勁。大事則要花很多萬的錢，他說到埔里深山度化鬼眾，把此功德給當事人，其人的運氣就會好轉。林師父說：「替神明辦事的人，靈體要清而穩。」時下有些通靈人，學符令後斂財劫色，盡做些傷天害理的事，其法力與壽元遲早會被老天收回去。

9. 門徒：但看因緣，先要消罪障，很是貴的，五到二十萬不等，罪輕的五萬，罪重的如劈腿跟有婦之夫的，二十萬還不止。先練習寫神明字，無意識亂寫一通，只有他看得懂，可以解釋。或讓人坐其辦事椅寫字，或在神明桌前感應。拜師則要連師母都拜，各書三道符令稟告玉帝，一週後刻印給您，還有自買的三隻筆要讓他開光，然後寫自己獨特的神明字，不能模仿他人。初學者，要常黃紙寫神明，然後在其家設的爐中燒卻，如是辦事的神明才知道您是何等人。

10. 設關口收靈光：初辦事，他會教您隨他或師母燒符令給把關的兵將，體驗其形狀，所帶兵器還有姓名，讓兵將認識您。自己到深山、墳

場、廢棄宮廟去放符令，他派的兵將會跟隨辦事通報他，您今天放幾張他都知曉，哪處想放沒放，沒有燒符令與金紙，他也知道，土地兵將有沒有來領旨，一擲筊可以証明，真的大有其玄機在。

11. 目前狀況：近半年來賴建成君常率領許多同好去訪查，同時問事與處理事情。但其處越來越蕭條，他連信徒到也不開燈火，且多時斷炊，還要賴師給他準備餐食。林師父邊泡茶邊抽菸，催他辦事，他一直說：「神明出國去，還沒回來，要等一下下！」但一等就是一個小時，還說：「在這裡說，也是一樣！」怕神明不到，辦不了事的樣子。為了此地狀況，賴師問東湖太子爺：「他為何落到如此的地步？」廖乩童說：「他以前蠻厲害的，但是因為辦事的緣故，法被破了而不自知，請神明來辦事，往往神明請不來，而是陰來辦事，所以辦信徒的事常是辦一半！」總之，此處狀況不佳了！連師母也跑了。

（八）霧峰佛堂　2006 年 10 月 21 日晚上訪問於台北縣達觀鎮

1. 地點與師承：霧峰四維路上馬路旁二樓，華藏智敏系，諾那吳潤江會下。

2. 負責人與原來信仰：廖先生，一貫道門，因姊姊介紹而信入，當上堂主，後來因發覺門中理論不合科學與歷史，產生質疑並同前人辯論，又到鎮上游醫師處扣問，乃明白個中偏失處，由是毅然決然退出道門。其人曾開過佛教文物店，幫人辦事，頗有神道經驗。

3. 佛堂狀況：供祖師像，還有一些佛像，以及高僧舍利骨花，平日擺設佛光昭注紙牌插於置米粒的碗中，加被一些關懷者。平時布施一些米飯，於屋後讓鳥兒吃食，盼其能因此食物與佛之加被，轉化成人，修佛證道，同登極樂。樓中還擺放很多佛教書籍，還有一些珍貴佛像等文物。

4. 修行狀況：其人每天清修一座密法，有所感悟即揮筆作畫，行之已十年矣。皈依顯教護國禪寺如虛法師，並因之認識明復法師，隨之參問禪學與藝術，頗有所得。其人樂善好施，台中人有急難，來訪說明原委，他都會施予援手，目前從事服務業，夫人則教人樂器，來往好友多為宗教中人，當中游醫師迷蕭平實也。

5. 飲食：全家吃素，客來隨興飲一小杯好酒。

（九）新莊自然內功　吳世英

1. 自然功法概說：

2004 年 10 月 5 日下午，陳世雄君來訪賴建成師，偶談及有蕭師兄習練內家功法，為張良第五十五代傳人之。其人之前，與妻兩人從事保險業多年，營收頗豐，因思慕道功，棄其生計，專心宏揚道學。世雄問師是否有意接觸，一時興起，乃通電交談多時，頗能交歡。後世雄約蕭先生於 10 月 12 日上午十時，到達觀鎮與師晤談，其帶「自然功法概論」，讓諸人參看，一眾心怡，餐後互說再見。

道教的超越思想，有好幾個源頭，如易經、道家思想、方伎家、占卜家等，還有儒、釋、俠客墨家等，豐富完善其內容。秦漢以降，沉淪七百多年，到五代、唐宋，異軍突起。此自然功法，本於無極，推張良為初祖，至第五十四代張真人門下，思前之代代相傳之因，明今當普傳之緣熟，後無掌門人，而以兄弟相稱。

古云：「得道為先。」蕭先生研習功法，十年有成，之前世雄曾與其參學，知功法有微妙處。聽說此功法結合道功、物理學、醫學、禪學與宇宙知識及氣學等知識，是從傳統走出來，而推陳出新的功法。強調藉著天地人的原理，通電、運轉與運動的原則，使人依逆轉氣機開始，接老天無始元氣，從囪門入清氣，濁氣由湧泉出氣。其口訣在無始無極、循環不絕、綿綿不已，以天為師，因號無極，又稱自然。人法地，地法天，天法到，道法自然。五祖洞賓，入禪心，思兩重逆轉功，今人以思黑洞原理。由道之無為，體會靜因之道，提出了「物至而神應」，任心自然，任氣無礙。心的明寂自然，只要放之自然體無去住，任性合道。契心平等，即能合塵同光。在一切處顯一心，則心氣無所不遍。明了氣機、磁場與運動律則，但任心即是修為，行住坐臥皆是禪心，心氣一如，無色無相，境像虛空傳響，如夢如幻。了此一心，由太極歸無極，自然與道冥合。

由靜因之道，物至而神應，能感人氣機，使幻影、業因業果，本在一心。行人勤持有方，病痛者透過交換氣的行使，可無藥自癒，進而養氣培元，乃至為人打氣治病。此功法，是自然觀氣功法，強調磁場與頻律，感人訊息並為人治病，而不受他人病濁氣的污染，有其殊勝處。道法自然，老子、呂仙之流乃至六祖慧能的禪學，皆能融通。兩重逆轉，黑洞理論，以及染淨靈修觀，使其超凡入聖，未來台灣的前景，宗教性的東西會被普修普傳的道法所涵

蓋，這是大勢之所趨。

　　總之，此黃老道家氣術，天地人一體的無極、自然功法，隨著兵家武學、仙道氣學、禪淨的明心見性，而轉了歷史方向，順者死、逆則生，俗人難懂，所以為維持宗本玄秘而單傳久矣。五祖呂仙後，歷五十傳，特重河車倒流功法，以及天道自然生成的至陽至剛之氣，今轉變為自然功法。呂仙再傳五十代後，因瑜珈持誦密法，兩千年來皆代有人才，且三豐先天道派不乏行人，廣傳、融通正是好時。苟再私秘其學，法已不契合時尚，且法不流通就成一灘死水，無獨特處乃至於喪失開創新機的園地。學此功法，戒色心，忌吃空心菜、竹筍、醬菜。道法自然，人能宏道，道亦宏人，人活天地之間，通天徹地，回歸大海。無極無始，連綿不已，一道丹心，但觀心念生滅，心色不二，空有不異，即是故鄉。──心氣門第二代普英記於 10/13 清晨

　　2. 八周練功通告：

第一次報到：10 月 16 日（週六）上午 10 點 30 分於新店市達觀鎮。

人　　數：10 人為原則。

聯絡人：吳世英。

總　　務：鄭玲玲。

　　3. 自然功法第一堂課：

主講人：蕭師兄

地　　點：達觀鎮

時　　間：93/10/16　10:30～14:00

與會者：賴建成、吳世英、鄭玲玲、黃秋娥、李美萱、李采純、王漢鴻、
　　　　（王良薰）

記錄與拍照：吳世英

(1) 開宗明義：人體三大循環之一，是氣血循環，而此這放射線就是生物能。

(2) 氣功派別：先天①無極宗②逆時針是地球太陽公轉的方向（逆時針為陽）③練氣不拘姿勢④跟天一體，氣打不光。後天①練成以後，有很強的力量，可把樹打斷。②瑜珈：講求姿勢。③順時針違背自然法則，學習地球自轉方向，範圍較小。④打丹田氣海當倉庫，會打光。混合系統。

(3) 心法①以老天為師，母體是地球、是宇宙。②大圈套小圈，氣圈包著

身體。③無始無終、綿綿不止、循環不已【繞圈子】。

(4) 第一主圈：方向說明：模仿天體運行。以鼻吸氣來感覺氣，但不需求其他感覺。快慢不管；心亂則求穩、慢、實。地點：通風，因會發熱蒸發水氣。練功後的現象：手與脊椎發熱。口訣：無始無終，沒有頭沒有尾，不必數繞幾圈。睡前繞：本門祖師陳摶練睡功。會口渴，喝茶水或一般溫水。實際操作：端坐後，淨心一會兒，兩手心朝上，放於兩膝蓋上。依口訣，繞逆轉圈子，而主事者左手持蓮花指接老天陽氣，又手提起手心向前發氣加持。練功有效會拉肚子、放屁、排臭汗。忌吃空心菜、筍子、酸醬菜，因會洩氣。最後提出個人問題，老師解迷。

(5) 心得：

此功法，初看似打太極拳的起手式，小圓圈與大圓圈；也極像仙道煉氣者的河車倒流的功夫；而睡功是講求，陳摶的東西，以及睡前坐、臥姿功法，也是屬於仙道行持。功法可推衍出，各項的捧功，以及抖動與與自然界植物交換氣息的總總練法，事後聖成師說：「莫忘收功，以及講究飲食，良好的生活習慣與淨覺的心行。如是內氣的循環，方不致於是淫、濁、熱燥氣，補腦要是清氣為佳。」補氣當重視營衛，營衛在飲食、養生之外，運動行氣以增強腎氣。這就是古人說的：「補血其實應補腎。」莫疏忽了於幽境、空氣良好的地方散步的重要性。此外，理氣類的食物，多辛燥，易耗氣傷陰，固氣虛者忌多食。如空心菜（蕹菜）：味干，性寒，歸腸胃經；其作用在涼血止血，滑腸通便，清熱利濕；宜於血熱吐血、便血、濕熱胃痛、腸胃燥熱便祕；虛寒症、泄瀉者，忌食。

練此功法，配合湯藥，舊病與傷處，會酸刺痛，這是好的徵兆，行功一周後即療癒。所以對傷痛處，以及練功成效，要有正確的認知力，才不至於盲修瞎練功不成，而暗自恐慌，乃至私心自捫，放棄行功。則不能，做進一步的功課。此功法的初步，在練習記口訣以意念行小圓圈、大圓圈密蓋周身法，以逆行運轉；後進一步的練習，是以鼻吸氣時的行持，更進一步體會大自然的氣息，投氣、收氣法，最後莫忘收功，靜心一會兒，讓內氣沉澱、回歸到該去的地方。之後，喝水，散步回歸日常生活。以上所言，是融攝蕭師兄與聖成師的教法，不失為一套可行的養身、養氣的自然先天道法。通告：下周六（10／23）再見，回家不忘練功，睡前練氣圈，側躺亦可練功。

4. 自然功法第二堂課：

主講人：蕭師兄

地　　點：同上

時　　間：93/10/23　10:30～14:00

與會者：賴建成、吳世英、鄭玲玲、黃秋娥、謝月珠、謝月嬌、莊婉幸、
　　　　王明薰、王良薰。莊翔壹、鍾美莉母女

記錄與照像：吳世英

(1) 修行：修智慧為主，不比大小。佛門的空性——本知與本覺、真空妙
有，佛性本俱，慈悲為懷。道家思想——太極生兩儀，兩儀生四象，
四象生八卦，八八六十四卦。

(2) 無極宗練氣觀念：唯動論——要活就要動、變。空有兩端本同體：色
即是空，空即是色。唯心與唯物，互為支助。佛道二門本是一家——
但不可混為一談。涅盤、真性、盡虛空遍法界、無始無名與太極之實
有，合起來是一無極圈。加上儒、法、墨家之俠客，就成法界觀的顯
相，佛、道、儒各執一端。

(3) 無極宗史——與佛家顯教相較，蠻獨特的。道祖探求宇宙根本後，騎
牛出函古觀，代代轉世求解。秦時，道祖轉世為黃石公開創本門。漢
張良披髮入山，為第一代祖師爺。唐時，道祖轉世為李淳風寫推背
圖。歷代祖師摩頂傳授，至五十四代張運宗老師。統一歷代空、有知
識，就是回頭看，從有修到有，從無修到空。人活其中，我命由我不
由天。我們修了二千五百年，所知不輸道祖、佛祖，要有自信。

(4) 兩個主力圈再練習：口訣——無始無終，綿綿不止，循環不已。初練
現象，右手、脊椎發熱。不要求感應的原因——無感而覺，不覺而
知。不與人比較的原因——與天同體。欲到沒練過的人，老師放氣過
去，感應描述——蠻有準度。心態，不重享受，而身體力行。無爭，
眾生平等，事無大小，各憑機緣，來世學習。道是宇宙的公產、法非
一人所有。符合天心，盡本份行事，守本真心，而自然天成。

(5) 心得：

靠老天的氣，幫人打氣或治病，不致於如鄭玲玲為謝女士打氣後耗氣而
疲憊。蕭師兄提示後，乃教其徒為鄭玲玲補氣。阿娥說練氣圈第三天時，會
拉肚子，與李瓊華來電所云的相同，而玲玲說會一直會放屁。蕭師兄告訴良

薰，三十五歲時有一因緣，而說明薰不要拘謹而放心不下。明薰練圈氣時，看到前面的氣交織，而自己在前被氣圈環繞，聖成師說其心思在跳躍，當安穩繞圈，睡前側臥亦可練功。依據蕭師兄的說法，十二時中皆可行功，坐捷運時可練，看電視時也可練習。

　　蕭師兄為翔壹開示，說一些服務與小孩調教問題，在人情上不能僅顧慮自己的想法，沒想到共存共榮的問題。且說婉幸等氣管不好，當勤練氣圈，不要一直吃藥。中午時，美莉帶小孩來請益，蕭師兄勸其練打圈圈，氣足則腦力自然恢復。說我當多注意吃些補氣的食物，如葡萄、櫻桃等，且說此回見面我的氣色好多了，其引秋玉狀況來說明。李瓊華來電說，其姐采純感覺如此的教學方式甚好，其心情也練氣後也逐漸能穩定下來。有的人心亂，逆繞圈氣不久變成順轉，須師姊打氣幫助。兩點後，聖成師再傳授玲玲、阿娥、良薰等人，仙道氣學的初階，並拍照留念。三個半小時的一期一會，大家收獲良多，經過溝通與通電後，都覺得有必要再進一步的會談。某師姐說這邊的氣場祥和，而美莉則說氣很強，手心都發熱，而我覺得聖成師要我持馬頭明王咒，才持數遍週遭的氣就變得明亮。蕭師兄說：「大家都很認真學習，我會盡心、盡自己所知的教導你們。」

　　其說世雄因推拿抹藥，身體感染藥氣，所以幫秋玉打氣時，雙方都出現肝的部位疼痛。我說高中時，一晚回家爬樓梯時，一抬頭看到黑白無常。蕭先生說：「那是要抓人，碰巧被妳碰到。我幫重患病者打氣時，亦見他們在旁等待，我都跟他們溝通。」其接氣功法，與道門冥合，而治病原理，則似長生學。這與其接觸過一貫道法，以及學過長生學有關，長生學重視開穴與穴位，而無極內功強調磁場、氣圈以及自己打氣、自療。「人是宇宙的一部份，必須學習宇宙的大公無私的原則。」這是中國人天地運行，不私下厚載、不偏於垂顧的思想，儒者由此體會民胞物與，道家入禪者說無心便安禪，佛家強調「無緣大慈、同體大悲。」諸家在此精神一致，僅是道法不同罷了，佛門重視空性、悟自心與真性，道門在培養真炁、元神冀能與宇宙冥合，氣功則由養生、治病始，吸收宇宙能量，乃至於長生；在行持上，諸家皆共戒貪念，因為此慾念違反公道或有情共存共榮的原則，而凡人皆是共業所感，終要回歸自然與性海。──2004/10/23　23:30

　　5. 自然功法第三堂課：

　　主講人：蕭師兄

地　　點：同上

時　　間：93/10/30　10:30～13:00

與會者：同上

記錄與照像：吳世英

(1) 第一、二主力圈復習，①似河車倒流——由丹田氣發始為佳。氣發如嬰兒捲屈於母體，似球狀，繞行後氣乃能周圓。②似帶脈氣行——先觀想氣圈，再逆時鐘繞行。氣圈越厚越好，心情以自然輕鬆為要，不限圈子快慢。觀氣術，投出自己的氣——易感染他人氣息。須費時排濁氣。心氣調整術——依感應或影像知人心事。按時練功，即除訊息。

(2) 天人合一：方法是瞭解宇宙法則。要學好內功，先明白道理，不要盲目。天心：以救人始。道根在無我。了解宇宙的本質，才能突破時空的限制。天體怎麼運行，就怎麼運氣。無我執、沒有你自己，你才能把你的磁場頻率調得跟天體一樣。對宗教態度，不反對宗教信仰，而勸人行善。宗教反映宇宙的現象，但總是不夠究竟、徹底、完整。而神力有觀念效應、磁場效應。宇宙真理，天是甚麼？無極圈與大光環、現代科技與自己的發現，要明理、心光與明燈、願行。

(3) 千里發功：心念與時空觀——一念頓見一線之隔。磁場線路與運用，齊心同力。

(4) 無我與頻率：同頻率，產生增強生物能、磁場效應使氣的循環，成直角。民胞物與，幫別人助自己。諸佛也靠自度，她的顯相是磁場效應，是人心意造出來的。我們當思量如何跟宇宙的力量相合。

6. 自然功法第四堂課：

主講人：蕭師兄

地　　點：同上。

時　　間：93/11/6　10:30～13:00。

與會者：賴建成、吳世英、李美萱、李彩純、鍾美莉、吳彥隆、莊婉真、莊婉幸、王良薰、鄭玲玲、黃秋娥

記錄：吳世英

(1) 定位：以往思想家的研究，社會在進步，文化在進步，不能僅守舊，而食古不化。瞭解古聖先賢後，更進一步超師所學，推陳出新。腦細

胞一百五十億個，用不到十分之一。

(2) 宗教的門互之見：當前宗教行徑，佛教——壟斷資緣與伴佛旁、末法觀念。一貫道——五字經與紅白洋劫。憶想著天堂的觀念。天帝教——浩然之氣與萬教歸宗。

(3) 氣功學者的心態：治病賺錢，賺錢與享受。你沒修到，老天怎會給你機會。你發願行，老天會幫你，修得好再說吧！

(4) 天地橋：直接向離我們最近的天體太陽吸取能量。一般氣功是向地球吸取能量，地球磁場比太陽小四百倍。如何利用天地的力量來吸。地球向太陽吸取能量，我們沾點光。你搭取著個橋，經過你，地球的拉力比你身上的拉力強大很多倍。運用天地的引力，增強你吸收能源的力量，你是太陽地球間的一座橋樑。

(5) 方法：三式，①右手對著地（朝下），左手托著天（不是向前）。②兩手自然互握，掌心相對。左手在下，右手在上。③兩手掌反向重疊成平行，同樣左手在下，又手在上，十指伸直。

(6) 心得：

九點多，蕭師兄就來達觀，與潛夫兄閒聊功法的成效，及其療法，並談到手中無法寶、要用法寶自現的經驗。十點後，人員陸續到來，蕭師兄為秀秀打氣，瓊華姐妹與黔夫兄切磋心得，後婉真拜黔夫兄為師，學十字明與呼吸意守功法。十點半，第四堂課開始，首先練習第一、第二主力圈後，練習對練法。一方打第一主力圈，對方打八字氣圈，之後交換感想。秋娥今天的心，較亂，因繫工作上的事。玲玲與美瑄對練，美萱感覺很冷，而玲玲渾身發熱；玲玲最近氣機較差，須要照陽光打氣。我與美莉對練，美莉覺得我打的氣很強，而我看到她的心臟狀況，頓覺喉嚨不舒服。良薰與彥隆對練，良薰看到頭髮、帽子與軍旗，而蕭師兄說彥隆前世在明朝是軍師。蕭師兄說，可以找對象練習感知力。對於氣場、波動的知識，可以多研究，推背圖與封神榜拿來看看，綠色奇蹟等著作文章，有益於對功法修煉宗旨與效果的了解。蕭師母為彩純打氣治病，彩純此次繞圈子不會肩膀聳動，心思較易收攝，而美莉姐憂心忡忡，打氣微弱。玲玲習慣於持咒打氣，蕭師兄一再開示，說要好好練功，把以前所學先放下來，不要混著練。

(7) 無極先天道法初階課程：

主講人：賴建成

　時　　間：14:00～18:40。

①與良薰及其同學說明有色心、無色心以及止觀、靜慮法。

②婉真、婉幸姊妹談及密咒的功德，以及生活觀。

③與彩純、美萱姊妹說法寶，以及意守功的要領。

④與玲玲、秋娥、良薰與我談道功。

　首先閒聊練自然功法的心得，蕭師兄說要專心練習一法，不要雜揉著練，以免有打架現象，而成效不佳。至於收功事，蕭師兄不講究，而強調自然。然黔夫門下因煉氣功，久已習慣收功，美萱亦然，而彩純對此項知識則較不熟悉。

　黔夫兄拿出一張照片，要玲玲打氣，玲玲說覺得心跳很快。又拿給良薰打氣，良薰說看到房子、鑽石、玫瑰花、絨布與狐狸眼睛。黔夫說收功妙用後，又示範站姿呼吸法，之後眾人練習先天道功。潛夫對我說，佛門功法，下手處在心，不在感知力，而蕭師兄著重磁場與氣機，提舉老天的氣，以及助人或為人治病的方法。自然功法，亦有高極功法，如器官、特定部位的繞圈子，以及細胞的活動力，而有如佛門十二時中練功、禪門平常心是道、淨土成片功夫的觀念與功法。練先天道法，陽光、空氣、心神虛空與良好飲食習慣，極為重要，心性的培養則是基礎，方能說性與命雙修、心氣不二、神虛合一。除靜坐法之外，黔夫兄又忙於樁功與動功的架構，讓行人依次第能培養好元氣，也兼顧及一心的凝煉。

7. 自然功法第五堂課陰陽合運：

主講人：蕭師兄

地　　點：同上

時　　間：93/11/13　10:30～13:00。

與會者：賴建成、吳世英、李美萱、李彩純、鍾美莉、吳彥隆、莊婉真、
　　　　莊婉幸、王良薰、鄭玲玲、黃秋娥

記　　錄：吳世英

(1) 首先說明含意，其練法是面對面，左右手互貼。手心最好貼緊，平貼下去。右手向前推，有一點手心向下，左手有一點手心向上，因為左手吸進來，右手放出去。照第二主力圈練，照天地橋練，左手托天吸進來，右手放出去。兩男互練亦可，你自己本身都有陰陽。

(2) 心得：

練自他交換功法之後，各自都有一些光影感受，知道心虛、神空時，練繞氣圈越有覺受。蕭師兄左手托天、右手覆地法，採外氣入中脈通氣法，不要天天練，慢慢體會為佳。以後為他人治病時，可以用到，練氣圈時，儘量先捨去以往所學的，不然內心會交戰，功法的效果與進步狀態，以及個人練功的瓶頸，不容易知道。先學會功法，慢慢熟悉它，了解它的功效。順天道走，以天意為主，順天體運行，行為則無我。練到天地人合一，繞行太陽，下到地心看看，感覺天心與地氣。宮廟、神祇與住宅狀況，用繞氣圈來自己感受。對鬼神不必害怕，繞誠心的氣圈，與它對話，大家來共修。要改變環境，先改變自己，從自他交換氣，從別人的借境看到自己，助人與改善自己，雙管齊下。

練習天地人的關係，如繞氣圈看看，用劍訣指地指天，祖竅氣由筆的後端透氣至筆心，開光點眼，以安神。令借太陽光，用劍訣加持玉環，並感受玉環的磁場。這堂課，蕭師兄儘情的解說，大家也提出問題與感受，互動良好，看風水則須熱心參與，多觀摩與學習。下一堂課，則是講金剛經，大家都要用功。蕭師兄與師母，為秀秀、良薰與我療傷，諸人氣色煥然一心，異口同聲說：「佩服之至！」

8. 自然功法第六堂課功力與光譜：

主講人：蕭師兄

時　間：93/11/20　10:30～13:00。

與會者：賴建成、吳世英、李美萱、李彩純、吳彥隆、莊婉幸、王良薰、
　　　　鄭玲玲、黃秋娥

記錄與照像：吳世英。

(1) 增強功力：方法，天地橋與陰陽合運。時機，次數：十天或半月，或一星期一次。緊要關頭使用、僅能偶而使用。心態：以平常心練功，愈平靜，進步愈多愈快。功力是漸進的。不可每天使用增強招式，而失去本能。切忌比較心，想比別人快。

(2) 光譜：方法，手遮眼後淒黑一片，放手後閉眼看燈，觀想所見顏色。意義：紅光－佛門慈悲者。白光－生物能，道門之光。紫光－道門深厚者。綠光－病氣、私心與超能力。其過程，紅光－金光－白光，綠光是腐敗象徵。目的是利用光譜知本性，知本性是認識自己，六周成效。

(3) 心得：

此堂課，初時先繞氣圈，再談心得與分享。接著開講金剛經，並談及離相、無相，眼見與心見，意識與無色界。之後談到練氣時所看到的黑、綠、藍、黃、紅、紫、白色譜的由來，及其所代表的意義。眼所見的，為境相，而用心看到的是無色界的光譜。我們繞氣圈，講究磁場波動，心越靜，念頭少，意念專一，則心氣越佳，不僅可排除濁病氣，也可修煉心性。練功過程中，有相對、矛盾與統一現象，即不斷的正、反、合的現象，心靈一直提昇。

練習繞氣圈，不斷的破壞，不斷的建設，循環不已，無始無終。至於風水，外境佔70%，內部佔30%。而神壇乩身，有附體與借竅現象，但提昇性靈，最好是靠自己修練。蕭師兄除了為阿娥、良薰治病之外，又邀我們隔天到美萱家看風水，並到新莊地藏庵朝拜、解決問題，與會者多，另有小胖、華紹傑、普隆夫婦。之後，小胖、紹傑與黔夫兄回達觀，切磋紫微斗數，而紹傑甚佩服小胖的感通力，而紹傑與黔夫兄請益仙道氣學，並談到蕭師兄的道法殊勝事。下周，蕭師兄與談地藏經。

9. 自然功法第七堂課異速同向：

主講人：蕭師兄

時　　間：93/11/28　10:30～13:00。

與會者：賴建成、吳世英、李美萱、李彩純、吳彥隆、王良薰、鄭玲玲、
　　　　黃秋娥、華紹傑、景紀封

記　　錄：吳世英

(1) 大圈套小圈：主力圈市人體的大圈，小圈之外，再加一小圈。大圈子與小圈異速同向旋轉，小圈子較快。注意事項：小圈子出氣多，大圈子吸收。不必太在意如何繞，任何時間皆可練習，等於是別人幫你打氣。目的：自療，大圈子轉，小圈子增強生物能，等於打氣。只繞大圈子也有效果，但效果慢，有小圈子則快。

(2) 運用：練法，金龍探爪，吐氣出去，出手要直。打氣出去，不要回收。常練習，出手即有。現象：手會發燙脹麻。效果：有治病能力。驗收：放氣與修習狀況。背後發燙——表現，平靜時有白光出現。

(3) 心得：

練氣的心理反應，是想到心理難過的事，會看到害怕、傷心的事，針對自己的心理去調整。拜神明，是崇敬其精神，到廟裡去繞氣圈，感應其磁場，

效法其精神，用諸於家庭。其次，是談到處理美萱家神明事，以及眾人到地藏庵的感應情事。也談到華老師的練功效應，及其氣動與感應事。華老師通斗數，會看風水，學自發功等，頗有心得。蕭師兄說其氣機很亂，不如捨棄諸法，好好練習繞圈子。此週亦談到地藏經的內容，地藏王菩薩的行願，而小胖要唸 108 遍以消業障，而良薰則可唸心經來消除因果病；但兩人精勤力不足，仍有慢心存在。自從華老師來見識功法之後，其算命術功力大增，諸人都找其問東問西，所以其說：「待我調好氣再來，如到此能與磁場相容，泰然而出時，那我的功力則已非凡矣。」12 月 1 日（週 3）晚上，華老師、小胖、美莉、黔夫兄又同聚會切磋，黔夫、小胖為華老師調氣後，蕭師兄：「好多了！氣打得不錯！」第二天華老師碰到黔夫兄時說：「今天精神很好！」他一再強調，先把身體的病濁氣調理好，再好好把功法練好。其好學深思，喜與黔夫兄與小胖切磋，頗有心得，對道法信心增長，在家時常對夫人說：「我們不要再生氣，這樣不好。」其又說內觀事，談到上層怒氣，以及下層地獄道的瞋恨心，莫被習氣牽著走，跳出來觀看內心深處的東東，如此才會進步。蕭師兄說：「放下過去所學的，只管繞圈子，身上的配件如念珠、符咒等拿開！」華老師因此擱下心頭石，蕭師兄為其打氣後，其身心舒暢多了，但其仍有執情在，念念不忘自發功，以及隨心自在。諸人又為秀秀的事，費心盤算一番，方乃一歡而散。

10. 自然功法第八堂課治病與雙向逆轉：

主講人：蕭師兄

時　　間：93/12/4　10:30～13:00。

與會者：賴建成、吳世英、李彩純、吳彥隆、鍾美莉母女、秀秀、王良薰、鄭玲玲、黃秋娥

記　　錄：吳世英

(1) 時機：外力介入——放符，碰到無形力量或不正當力量時。因外力影響氣血，對方與自己所練功法不同時，胸悶繞不動時。方法：兩手伸出，右手順時針，同時繞主力圈。所畫圈子大小沒有關係，再練成合而為一。運用：1.可以分開轉，可以合起來轉。2.先天後天合運，化解干擾。

(2) 治病功法：第一主力圈，貼著痛病處，打到順暢，三人各繞一氣圈法。

（3）心得：

此週練氣圈，因心平氣和，情況良好。接著說黔夫兄的夢境，提到華老師的念珠，以及醉月居士與寂照繞圈子發生的夢境，很有意思。昨晚黔夫兄問小胖：「何以繞圈子會看到靈骨塔、長城、直直的路呢？」小胖說：「這關涉到生死與心事問題。」黔夫兄問：「滿山遍谷的燈火又是如何？」小胖說：「那是未投胎時之所見。」小胖會靈視，但練功、持誦卻懶。蕭師兄說念珠與玉事，壞了或斷線了，則不佳，不要再戴。但華老師仍念念不忘那被黔夫兄拿去埋了的念珠，此念珠有廟氣與邪氣存在。之後，談及打氣要無我，不用真氣與內力，左手朝上，右手打氣。在觀念上要正確，自己是管子，接收老天的氣打給別人；打氣時幫對方繞圈子，第一主力圈可在病患處再繞一個小氣圈；打氣時，皮膚貼著皮膚為佳；打氣要耐煩，打到氣順為止。下課後到美莉家看風水，看骨董，看石頭，看神像去。12月5日上午，華老師來訪，先練習功法後，談及命理之學，說棄我相，進至人相、眾生相與壽者相。為人謀先當捨己見，為人設身處地著想，斗術較通靈為佳，要把人的稟性、作為加進去思考對策，而非一昧憑直覺說某人如何，所以理性思考是必要的，此因人的程度與見識有別而見解自然殊異有關。諸人念地藏王菩薩心咒，甚有心得，此皆合緣共振的成效。惜蕭師兄不念佛、不靜坐、不念咒、不玩珠玉，不體斯意之玄妙。

11. 結論——無極仙宗行人的進路：

蕭師兄的自然功法，融合了很多道門功法與心要，此門原名是無極功法，為了有別於一貫道行門，乃改成自然功法。此派不信邪神崇拜，但以借天地地神佛靈氣來行使功法與治療，頗有其玄妙處。吾師白石道人吸收其功法後，去蕪存精，配合正統道功，正其名為「無極仙宗」，並開創此道門之功法次第，以教後進。

古德說：「入道無難，唯嫌揀擇。」門門都可入道，因世人求道時的因緣與根器不同，各有其相應行法。所以有學人問師說：「古人到此為何不住呢？」禪德說：「途路不得力！」因途路不順，所以千山萬壑尋師參學。不須遊方者，可安心依止師傅受學。那如何修行呢？佛門聰慧者，由修心下手。而道門中人重視性與命，所以下手處在丹田，而說：「人人有個靈山塔，就向靈山塔下修。」鐘離權說：「人中修仙居。」呂洞賓說：「造化功夫，只在人。」要修行，就看行人肯不肯，如終南門派形意門人所說的：「誠明十年，必有

成。」而聖成師，乃該門第十四代傳人，我因之得以窺得部份門路，如椿功、靜坐與氣功。

　　學自然功法或者是無極仙宗，入門有得後，可在人生各種層面展現，古人謂此為行履或行李。就道門眼來說，道本一如，因世人之心，門門各有章法，不可混為一談；但有互通與融通處，貴在行人自會取。道在不同領域的展現，如宮本五藏在《五輪書》〈地之卷〉上說：「道，在佛教上是眾生救贖的道路；在儒學上是端正文化的方式；在醫學上則是治療百病的方法。此外，詩人教導我們詩賦之美；而精於茶道、弓術及其他各種技藝的人，依其心之所向而樂在其中。儘管如此，熟悉兵法之道的人，還是很少。」兵法可以治國，但易流於政治的附庸，行使者每感其弊端在乖離道心。而自然功法，有其兵法理論，它是採用秦時黃石公的《素書》，蕭師兄到達觀鎮來教學，特別禮遇聖成師（賴建成），並帶來此書，分上下冊，新竹 88 年 11 月理藝書版社出版。當今道門，真如前人所說的：「熟悉兵法之道的人，還是很少。」2006/10/11 整理於達觀鎮，數篇文章的原稿文刊登在『禪資訊站』──「普賢學會」項下。

圖 3-1：民間祭祀活動

圖 3-2：南方澳金媽祖

圖 3-3：本尊信仰

圖 3-4：廟會陣頭活動

圖 3-5：鹽水陣頭

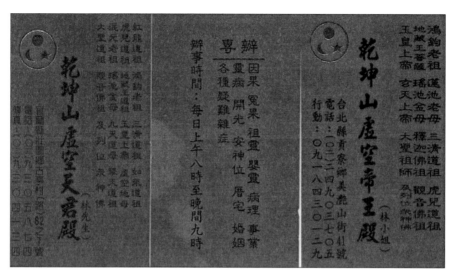

圖 3-6：神壇及其專辦

圖 3-7：訪問慈惠堂堂主

圖 3-8：旗山光明王寺

圖 3-9：東湖太子爺辦事